气候变化与财务风险管理

倪月芳 王 帅 陈 玲 著

燕山大学出版社
·秦皇岛·

图书在版编目（CIP）数据

气候变化与财务风险管理 / 倪月芳，王帅，陈玲著.
秦皇岛 ：燕山大学出版社，2024. 11. -- ISBN 978-7
-5761-0704-3

I. F275

中国国家版本馆 CIP 数据核字第 2024BR1724 号

气候变化与财务风险管理

QIHOU BIANHUA YU CAIWU FENGXIAN GUANLI

倪月芳 王 帅 陈 玲 著

出 版 人：陈 玉
责任编辑：朱红波
责任印制：吴 波
封面设计：李宝新
出版发行：燕山大学出版社
电　　话：0335-8387555
地　　址：河北省秦皇岛市河北大街西段 438 号
邮政编码：066004
印　　刷：廊坊市印艺阁数字科技有限公司
经　　销：全国新华书店

开　　本：710 mm×1000 mm　1/16
印　　张：12
版　　次：2024 年 11 月第 1 版
印　　次：2024 年 11 月第 1 次印刷
书　　号：ISBN 978-7-5761-0704-3
字　　数：208 千字
定　　价：60.00 元

前　言

当今世界，气候变化已成为全球面临的最紧迫问题之一。从极端天气事件的频繁发生到海平面的不断上升，气候变化不仅对自然环境造成了巨大影响，还深刻地影响着经济和社会的每一个角落。随着全球经济体对这一问题认识的加深，气候变化已经从单纯的环境问题转变为复杂的财务和商业风险。企业和政府机构都在寻找方法应对这些风险，并寻求在新的经济条件下保持竞争力和可持续发展。本书旨在探讨气候变化对全球财务结构的影响，并提供系统的风险评估和管理策略。通过详细分析气候变化的经济影响，本书揭示了企业如何通过有效的风险管理来应对未来的不确定性，同时也为政策制定者提供了参考，有利于制定出更为有效的政策。

气候变化带来的风险主要分为物理风险、过渡风险及声誉风险。物理风险涉及由气候变化直接引起的自然灾害，如洪水、干旱和飓风等，这些灾害直接影响物理资产的价值和运营的连续性。过渡风险涉及为应对气候变化而作出的政策、技术和市场变革，这些变革可能导致资产贬值或商业模式过时。此外，随着消费者和投资者对企业在气候问题上表现的日益关注，声誉风险也日渐凸显。为了有效管理这些风险，企业需要采用具有前瞻性和适应性的管理策略，该策略包括但不限于改进风险评估方法、增强业务的适应能力、开发新技术和业务模型，以及优化投资组合以减少对高碳资产的依赖。此外，透明的风险报告和信息披露也成了吸引投资者和维持市场信任的关键。

政府和监管机构在这一过程中扮演着至关重要的角色，通过制定相关政策和监管框架，不仅可以促进企业采取更积极的气候行动，还可以通过政策激励促进绿色技术和可持续实践的发展。国际合作也是应对气候风险不可或缺的一部分，全球性的问题需要全球性的解决方案和协调行动。本书通过集合多方面的视角和深入的案例研究，旨在为读者提供一个全面的框架，以理解和应对气候变化带来的财务风险。在这个不断变化的世界中，掌握正确的风险管理技能是每一个财务专业人士、政策制定者和企业决策者必须具备的能力。

目　录

第 1 章　气候变化的概念与财务风险的理论基础

第 2 章 气候变化对全球经济的影响

第 3 章 气候变化相关的财务风险类型

第 4 章 行业特定的气候风险

第 5 章　气候变化对企业财务的实际影响与应对

第 6 章　投资者视角下的气候与财务风险管理

第 7 章 企业管理与气候变化带来的财务风险

第 8 章　各行业财务风险应对策略

第 9 章 政策与监管的角色

第 1 章 气候变化的概念与财务风险的理论基础

1.1 气候变化的科学基础

1.1.1 温室气体的来源与分类

气候变化已成为全球关注的重大问题，其影响广泛且深远。科学研究显示，温室气体的增加是导致全球气候变暖的主要因素之一。这些包括二氧化碳、甲烷、一氧化二氮以及各种氟化气体在内的温室气体，源自多种人类活动。在众多产生温室气体的活动中，化石燃料的燃烧无疑是最为人熟知的一个。化石燃料如煤炭、石油和天然气，在燃烧过程中产生大量的二氧化碳被释放到大气中。这些气体不仅来源于电力生产和汽车运输，工业生产中的高能耗过程也是主要的排放源。例如，在钢铁制造和水泥生产等加工过程中，炭的大量燃烧造成了二氧化碳排放量的急剧增加。

农业活动也是温室气体的主要来源，特别是在畜牧业中，甲烷的排放尤为显著。在畜牧业中，动物（尤其是反刍动物，如牛和羊）通过消化过程释放出大量的甲烷。稻田中的水稻种植也是甲烷排放的一个主要来源，因为稻田的水淹环境为微生物分解有机物提供了厌氧条件，从而产生甲烷。在工业过程中，特别是化工产业和制冷系统中，经常使用氟化气体，这些气体包括氢氟碳化物、全氟化合物和六氟化硫等。这些氟化气体的温室效应潜能极高，尽管其排放量相对较少，但对气候变化的影响不可忽视。例如，氟化气体在大气中的停留时间较长，其温室效应是二氧化碳的数千倍甚至数万倍。

一氧化二氮主要来自化肥的使用和有机废弃物的处理，也是影响气候变化的关键因素，化肥使用中的氮素能够满足植物生长所需，但若在土壤中过度应用会使氮素通过微生物的作用转化成一氧化二氮，排放到大气中。此外，有机废弃物的堆肥过程同样会产生一氧化二氮。温室气体的排放与人类的多种活动紧密相关，从化石燃料的燃烧到工业生产，从农业活动到日常生活中制冷剂的使用，这些活动都在加剧大气中温室气体的积累，从而加剧了地球的温室效应，导致全球气温上升，极端天气事件增多，对自然环境及人类社会产生了深远的影响。因此，深入理解温室气体的来源与分类，对于制定有效的减排策略、减缓全球气候变暖的趋势具有重要意义。通过推动能源结构的转型、优化农业管理以及改进工业过程，可以逐步减少温室气体的排放，为保护地球环境作出贡献。

1.1.2 全球温度变化的历史数据

过去的一百年间，全球平均温度显著上升，这一趋势自 20 世纪 70 年代以来尤为突出。通过细致分析历史数据（如表 1-1 所示），科学家们发现，全球温度上升的速度与工业化活动的增多密切相关。自 20 世纪以来，全球平均温度已经上升了大约 1℃，这种增温速度在工业化以前的历史时期是极为罕见的。科学家们从多个渠道获取数据，包括气象站点、海洋浮标和卫星遥感等，这些数据为分析全球温度变化提供了坚实的基础。通过综合分析这些数据，研究人员发现，温度上升并非均匀分布。例如，北极地区的温度上升速度远高于全球平均水平。这种区域性的温度差异可能引发一系列连锁反应，如海冰的快速消融和冰川的退缩，这些现象又进一步影响全球气候系统。

过去几十年中，温度上升的速度比之前的几十年显著加快。这一变化与全球范围内工业化活动的迅速增多有关。在工业化进程中，大量的温室气体（如二氧化碳和甲烷）被排放到大气中，这些气体增强了大气层的温室效应，导致全球温度升高。温室气体排放的增加不仅改变了大气成分，还对地球的辐射平衡产生了深远影响。科学家们利用气候模型模拟和预测未来的气候变化，这些模型基于过去的气候数据和未来的温室气体排放情景，预测未来几十年甚至几个世纪的气候变化趋势。模型结果显示，如果温室气体排放继续增加，全球平均温度将持续上升，对自然环境和人类社会将产生严重影响。未来的气候变化可能包括更频繁的极端天气事件、海平面上升、生态系统的破坏以及对农业生产的威胁。长期观测和研究气候变化不仅揭示了全球变暖的事实，还强调了工业活动对气候系统的深远影响。这些历史数据的分析对理解过去和现在的气候变化至关重要，同时也为预测未来的气候走势和制定应对措施提供了科学依据。通过分析历史气候数据，科学家们能够更好地理解全球变暖的长期趋势，并预测未来可能出现的变化。全球气候变暖现象与工业化活动的密切联系不容忽视。历史数据的分析表明，人类活动对自然环境的影响是深远且复杂的。这些信息对于全球气候政策的制定和执行具有重要的指导意义。通过减少温室气体排放、推广可再生能源以及加强环境保护措施，全球社会可以共同努力，减缓气候变化的影响并适应其可能带来的挑战。全球温度变化的历史数据为我们提供了宝贵的视角，使我们能够更好地理解全球变暖现象的成因和影响。这些数据不仅是科学研究的重要基础，也是制定有效气候政策和应对措施的重要依据。面对全球气候变化的严峻挑战，科学家们的研究成果为我们指明了方向，并呼吁全球共同采取行动，保护地球的未来。

表 1–1　全球平均温度变化（相对于 1951—1980 年平均值）

年份区间	温度变化 /℃	备注
1880—1899	–0.20	工业化初期
1900—1919	–0.30	略有降温
1920—1939	–0.05	开始回暖
1940—1959	0.00	接近基准温度
1960—1979	0.03	轻微升温
1980—1999	0.40	明显升温
2000—2019	0.90	快速升温
2020—2023	1.10	持续升温

1.1.3 极端天气事件的频率与强度

随着地球温度的持续上升，极端天气事件的发生不仅变得更加频繁，而且其强度也显著增加。这些事件包括但不限于热浪、暴雨和飓风等，每种气候事件在不同程度上对社会经济和人类的日常生活带来了显著的影响。热浪的增加已成为全球气候变暖的直观表现之一。过去数十年里，热浪的频次和强度在全球范围内均有所上升，不仅带来持续的高温，还常常伴随高湿和污染事件，这些因素的共同作用对公共健康构成了严重威胁，尤其是对老年人和慢性病患者的影响更为严重。热浪可能导致中暑、脱水和心血管疾病的发作，增加医疗系统的负担。此外，高温还会加剧空气污染，形成臭氧和颗粒物污染，对呼吸系统疾病患者尤其不利。暴雨事件的增多和加剧也是全球温度上升的直接后果。随着大气中水汽含量的增加，降雨的强度和不可预测性显著增强，导致洪水灾害的频率和严重性上升。洪水不仅损毁基础设施，还影响农业生产，造成粮食供应短缺和物价上涨，进而影响经济稳定和社会安全。洪水灾害还会导致饮用水污染，增加水传播疾病的风险，从而影响公共卫生。飓风的强度和发生频率的增加同样令人关注。随着海洋表面温度的升高，飓风生成的能量更为充足，从而形成更强的风暴。这些强飓风带来的破坏性风力和海浪对沿海地区，特别是低洼岛国，造成了毁灭性的影响，包括居民的生命安全、房屋和基础设施的破坏以及经济活动的中断。飓风过后的恢复与重建需要大量的资金和时间，对当地经济发展造成长期影响。

除上述事件外，全球变暖还可能加剧其他极端天气事件，如极端寒冬、干旱和沙尘暴等。极端寒冬会导致能源需求激增，促使电力和供暖系统的负荷增大，甚至可能出现供电不足的情况。干旱则影响农业生产和水资源管理，导致作物减产和水资源短缺。沙尘暴对环境和健康的影响也不容忽视，空气中的颗粒物会引发呼吸系统疾病，影响人们的生活质量。分析了极端天气事件增加的原因后，可以看出，极端天气事件对经济的影响是多方面的。频繁的自然灾害需要大量的紧急救援和重建资金，这对公共财政是一大负担。极端天气对农业、旅游和保险等行业的打击尤为严重，不仅造成直接的经济损失，还可能引发市场的长期不稳定。农业生产的不稳定会导致粮食价格波动，影响食品安全。由于极端天气事件的频发而使游客量锐减，导致旅游从业者的经济收入下降。保险公司则面临更多的赔偿申请，经营风险加大。面对这种情况，国家和地区需要制定更为严格且具有前瞻性的政策来减轻极端天气事件带来的影响。这些政策包括提升城市和农村地区的基础设施，以增强抵御极端天气的能力；改进水资源管理和农业系统，以适应更加频繁的干旱和洪水；构建灾害预警系统，提高应对自然灾害的效率和效果。例如，建立健全防洪设施，推广节水灌溉技术，加强粮食储备和供应链管理等。

极端天气事件频率和强度的增加是全球变暖现象的一部分。深入理解并制定有效的应对策略，对于减轻其对社会经济和人类生活的影响至关重要。通过科学研究和政策制定相结合，社会可以更好地适应和应对极端天气事件，减少其带来的负面影响，保障人类的可持续发展。

1.1.4 气候模型和预测技术

气候模型是预测未来气候变化趋势及其影响的重要工具，已成为气候科学领域不可或缺的一部分。这些模型利用计算机模拟再现和预测全球气候系统的行为，集合了物理、化学和生物学等多学科知识，以确保模拟的气候过程和现象尽可能接近实际情况。气候模型的核心在于能够模拟气候系统的动态变化，通过设定不同的气候变量和参数，模型能够描绘出气温、降水和风速等气候因素的变化情况。这些气候变量包括海洋温度、冰盖融化、大气中的温室气体浓度等，都是模型计算的关键因素。

随着科学技术的进步，气候模型的精确度和复杂性也在不断提高。现代气候模型不仅可以模拟全球尺度的气候变化，还能够对区域性气候变化进行详细预测。这些模型通过大量历史气候数据的输入，使用复杂的数学和物理算法来预测未来气候的变化趋势。气候模型的应用范围极为广泛，科学家们利用这些模型研究气候变化对环境的潜在影响，如海平面上升、极端天气事件的增加以及生态系统的变化。这些模型还帮助政策制定者评估不同气候政策的潜在效果，如减少温室气体排放的长期影响。在具体实践中，气候模型通常被用来进行气候预测和情景分析。例如，通过设定特定的排放情景，模型可以预测在不同温室气体排放水平下的全球气候变化趋势。这些情景分析为理解未来气候变化提供了多种可能性，从而使制定应对策略更加科学和有针对性。

气候模型在国际气候变化谈判和政策制定中扮演了关键角色。通过预测不同减排策略带来的气候效果，决策者可以更明智地选择减缓策略和适应措施。这些模型的预测结果常常作为国际报告和建议的科学依据，如联合国政府间气候变化专门委员会（Intergovernmental Panel on Climate Change，IPCC）的评估报告。然而，尽管气候模型在预测气候变化方面提供了极大的帮助，但仍然面临一些挑战和限制，例如，模型的准确性在很大程度上依赖于输入数据的质量和完整性。不确定性因素，如云的形成和气候反馈机制的复杂性，仍然是模型精确预测的难题。尽管存在这些挑战，气候模型的发展和应用仍在不断进步。通过不断优化模型结构和算法以及利用更先进的计算资源，科学家们正努力提高模型的预测能力，以更准确地理解和应对气候变化带来的挑战。这一努力对于全球应对气候变化的战略具有不可估量的价值，并确保了未来决策的科学性和有效性。

1.1.5 海平面上升的影响

随着全球气温的持续升高，极地冰盖和高山冰川的融化速度不断加快，引发了全球海平面的持续上升。这一现象为沿海地区带来了洪水和侵蚀的风险，严重影响着数百万居民的生活和多种经济活动。海平面上升主要由两个直接因素驱动：一是气温升高导致极地及高山上的冰川和冰盖融化，增加了海洋的水量；二是全球水温上升导致海水热胀冷缩，体积扩大。虽然这些变化在全球范围内逐渐发生，但其影响是深远且会在短期内显现的，尤其对低洼的沿海和岛屿地区。

沿海地区常因海平面上升而遭受更频繁且更严重的洪水。传统防洪措施如堤坝和海堤，面临前所未有的压力，需要重新评估其设计和功能以适应不断变化的威胁。在某些地区，常规防洪设施已无法抵御海平面上升引发的风险，导致洪水侵袭更为频繁，水位更高。例如，威尼斯和孟加拉国等地频繁遭受严重洪水的袭击，迫使当地政府投入大量资源用于防洪和重建。海岸侵蚀也因海平面上升而加剧。随着海水不断侵蚀陆地，许多沿海地区的土地被永久性淹没，这不仅改变了海岸线，还威胁到依赖海岸线为生的地区。例如，许多人被迫迁移家园，经济活动受到限制，包括旅游业、渔业和港口运营。这些变化不仅影响当地居民的生活，也对区域经济产生深远影响。例如，马尔代夫等小岛屿国家正面临国家生存的威胁，其部分岛屿已经逐渐被海水淹没。

经济影响是海平面上升带来的重大后果之一。沿海地区往往是经济活动集中的地方，包括国际贸易港口和旅游胜地。海平面上升不仅损害基础设施，还可能导致保险成本上升、投资减少和财产价值下降。例如，随着洪水风险的增加，一些地区的房地产市场受到冲击，保险公司需重新评估保险范围和保费。纽约和迈阿密等大城市已经开始面临这些问题，投资者和居民对未来的不确定性增加，导致房地产市场发生波动。

对于那些直接面临海平面上升威胁的地区，重新定位和适应现阶段环境成为迫在眉睫的任务。政府需要制定有效的适应策略，如建设更高的防洪墙，提高建筑标准，甚至在某些情况下实施搬迁计划，将居民从高风险区域转移到更安全的地方。荷兰是应对海平面上升风险的典范，通过建设复杂的水管理系统和创新的防洪措施，成功地保护了低于海平面的土地和居民。海平面上升还对自然生态系统产生深远影响。随着盐水向内陆推进，淡水生态系统和农田受到盐碱化威胁，影响水质和土壤质量，进而影响农业生产和饮用水供应。例如，孟加拉国的农业受到严重影响，农田盐碱化导致作物减产，农民面临生计危机。此外，红树林和珊瑚礁等重要生态系统也面临生存威胁，导致依赖这些生态系统的生物多样性和渔业资源受到影响。

海平面上升对沿海地区的社会、经济和环境均构成了严重威胁。应对全球海平面上升是复杂且多面的挑战，面对这一挑战，需要国际社会、政府、企业和个人共同努力，采取切实可行的措施，以减轻海平面上升的负面影响并增强沿海地区的抵御能力。这不仅需要科技和经济上的投入，更需要政策上的支持和公众的广泛参与。例如，国际合作可以帮助技术和资金匮乏的国家应对海平面上升的挑战，而公众教育及参与可以提升社会对气候变化的意识和应对能力。总之，海平面上升对世界各地的影响是深远而多样的。有效应对这一问题需要全球合作和多层次的综合措施，以确保沿海地区的安全和可持续发展。

1.1.6 生物多样性的变化

气候变化已经对全球生物多样性造成了严重的影响。随着地球气候系统的变化，许多物种的生存环境受到了威胁。栖息地的变化或消失导致某些物种面临灭绝的危险，而生态系统的结构和功能的变化，反过来又影响了生物多样性的维持和生态服务的提供,温度的升高和极端天气事件的增加导致了栖息地的直接变化。例如，海平面的上升导致沿海湿地和珊瑚礁等生态系统受损，这些生态系统是许多海洋和陆地物种的重要栖息地。同样，高山地区的物种如特定的鸟类和哺乳动物，随着温带地区向高海拔地区的扩展，也面临栖息地缩减的问题。

温度的变化影响了物种的繁殖周期和迁移模式。某些鸟类与昆虫物种已经改变了迁移时间和路线，这可能导致它们与重要食物来源的不同步，进而影响其生存和繁殖的成功率。植物物种的花期也因温度的变化而提前或延后，这可能影响它们的授粉成功率以及与其他物种的相互作用。气候变化还导致了极端天气事件频率和强度的增加（如干旱和洪水等），这些都直接影响生物的多样性。干旱导致水资源减少，影响水生和陆生生态系统，而洪水则可能导致河流和湖泊的生态系统发生长期或永久改变，影响物种的生存环境。全球气候变化的影响不仅限于物理环境的变化，还包括生态系统功能的变化。例如，森林和湿地作为重要的碳汇，其结构和功能的变化可能影响全球碳循环，进而影响气候系统。同样，生物多样性的下降可能减弱某些生态系统的抵抗力和恢复力，致使它们更难以应对未来的气候变化。

这些变化不仅对生物多样性本身构成威胁，还对依赖这些生态系统服务的人类社会构成影响。例如，全球约有数十亿人口依赖森林生态系统提供的木材、药材和食物，以及湿地提供的水质净化和洪水调节服务。因此，理解气候变化对生物多样性的影响以及这些变化如何影响生态系统服务，是制定有效应对措施的关键，这包括保护和恢复生态系统、创建生物多样性走廊以促进物种迁移，以及通过国际合作加强全球和地区保护措施。气候变化对全球生物多样性的影响是深远且复杂的，这不仅是一个生态和生物的问题，还是一个涉及全人类福祉的全球性问题。因此，采取有效措施应对气候变化并保护地球的生物多样性对现在和未来都至关重要。

1.1.7 人类活动与气候变化的相互作用

人类活动对气候的影响深远并与气候变化形成了一种互动的关系。工业生产、城市化进程及森林砍伐等行为，都在加速推动气候变化。随着气候变化对环境影响的日益显著，它也开始反过来塑造人类的经济决策和生活方式。工业生产是现代社会的基石，但其过程中大量使用化石燃料（如煤炭、石油和天然气），排放了大量的温室气体，尤其是二氧化碳，这种排放是全球温室效应的主要驱动力之一，导致全球温度升高，气候系统发生变化。城市化进程也对气候变化有重大影响，随着更多的土地被转变为城市用地，地表的自然特性随之发生了变化。例如，植被被混凝土和石料替代，形成了地区的热岛效应，即城市区域比周围农村地区更热，这不仅增加了城市的空调需求，还进一步增加了电力需求，而电力的产生通常依赖于碳密集的能源。

森林砍伐对气候变化的影响不容忽视，森林是重要的碳汇之一，能吸收大气中的二氧化碳。当森林被砍伐时，不仅减少了碳吸收的能力，而且在砍伐过程中，还释放了储存在树木中的碳，增加了大气中温室气体的浓度。

气候变化对人类社会的影响也同样显著，随着气候变暖和极端天气事件的增加，农业生产受到影响，导致粮食价格波动和供应不稳定，迫使农业生产者和政策制定者重新考虑种植策略，如改种更耐旱或耐热的作物，或者调整种植季节。

海平面上升和极端天气事件（如飓风和洪水）的频发，迫使沿海和低洼地区的居民与政府采取相应的措施（如建造更高的防洪堤或组织居民搬迁），这些措施不仅需要巨额的资金投入，而且可能影响地区的经济和社会结构。

能源产业也受到气候变化的影响，随着全球对可再生能源的需求增加，传统的能源如煤炭和石油正在逐步被风能、太阳能等清洁能源取代，这种转变不仅是应对气候变化的必要措施，还反映了经济结构的变化和新的经济增长点的出现。人类活动与气候变化的相互作用构成了一个复杂的系统，通过了解和分析这一系统，可以更有效地制定应对策略，减轻气候变化的负面影响，同时优化社会和经济结构以更好地适应不断变化的环境条件。这需要全球社会共同努力，以创新和可持续的方式面对挑战，确保未来几代人的福祉。

1.2 财务风险管理的理论框架

1.2.1 风险识别与评估方法

在财务风险管理的过程中，管理人员先需要对潜在的风险源进行精准识别，这一步是风险管理的基石，只有正确识别了风险，才能在随后的步骤中进行有效评估和控制。识别风险的过程通常涉及对多种潜在威胁的综合考量，包括市场动态、信用风险、操作错误及外部事件等。市场动态是影响财务稳定的主要风险源之一，市场价格的波动、利率的变动及货币兑换率的波动都可能对企业的财务表现产生显著影响。例如，一个依赖进口原材料的制造企业，货币贬值可能导致成本上升从而压缩利润空间。信用风险是指借款方或对方未能履行合约义务导致的损失，在信贷市场中，借贷双方可能因为经济条件恶化、企业经营不善或其他原因无法履约。对信用风险的评估通常需要分析债务方的信用历史、偿债能力及宏观经济条件等。操作错误则包括因内部管理失误或技术故障引起的风险，这类风险通常与人为错误和系统故障或过程控制不当有关。例如，金融交易错误可能因为系统故障导致大量的财务损失，而数据输入错误则可能引发错误的财务决策。外部事件如自然灾害、政治动荡或其他不可预见事件，也会对企业的财务状况构成威胁。这些事件虽然不常发生，但一旦发生，将对企业的运营和盈利能力造成重大影响。例如，一场地震可能破坏生产设施，导致生产中断，而政治不稳定则可能影响企业在特定区域的经营活动。

有效的风险评估方法应当能够系统地分析这些风险源，并预测它们的可能性及潜在影响，这通常涉及定量和定性的分析方法。定量分析包括统计模型和财务模型，用以评估特定风险事件发生的概率及其对企业财务的具体影响。定性分析则侧重于评估风险的严重性、紧迫性以及风险管理措施的优先级，通过这些方法，企业可以建立起一套行之有效的风险管理框架，不仅能够识别和评估风险，还能制定出相应的风险应对策略，包括风险的转移、规避、接受和减轻等策略。例如，企业通过购买保险来转移某些风险，或者通过改进内部控制和培训增强员工的风险意识来降低操作错误带来的风险。采用这种系统的风险管理，企业不仅能够保护自己免受未来潜在风险的影响，还能在面对不确定的市场环境时保持竞争力和财务稳定。

1.2.2 风险量化技术

风险量化技术在现代财务风险管理中扮演着核心角色，通过运用统计和数学模型来评估风险可能带来的财务影响，这些技术工具如风险价值（Value at Risk，VaR）模型和压力测试，不仅能够帮助企业评估潜在的财务损失，还为风险决策提供了重要支持。VaR 模型是广泛使用的风险管理工具，用于衡量和量化在正常市场条件下及给定时间周期内，投资组合可能遭受的最大损失的概率。VaR 模型可以帮助风险管理者估算在最坏情况下可能承担的损失，这对于资本分配、风险暴露监控及遵守监管要求至关重要，通过设定置信区间和持有期，VaR 模型能够提供一种量化的方法来预测潜在损失的大小和概率，使风险管理更加系统化和可预测。

压力测试则是另一种关键的风险量化技术，它通过模拟极端市场情况来评估企业在面对潜在灾难性金融事件时的抗压能力。这种测试通常涉及改变金融模型中的关键变量，如利率、市场价格或资产价值，观察这些变化对企业财务健康的影响。压力测试结果能帮助企业理解在极端条件下资产和负债表的表现，从而制定有效的风险缓解和资本管理策略。这些风险量化技术的应用不仅限于金融行业，随着风险管理理念的普及，其他行业如制造业、能源业和零售业等也开始采用这些方法来管理经济周期、市场变化和供应链中的风险。在实施过程中，使用这些工具需要高度的专业知识和技术支持，以确保数据的准确性和模型的适应性。实施风险量化技术的挑战之一是确保模型的更新与市场环境的变化保持同步，市场动态快速变化，过时的模型已无法准确反映当前的风险状况，因此企业需要定期重新评估和调整其风险模型，以反映最新的市场情况和风险评估标准。

风险量化技术虽然为风险管理提供了强有力的工具，但其也有其局限性。例如，VaR 模型和压力测试依赖于历史数据与统计假设，可能无法预测未曾发生过的风险事件，因此这些工具应该与其他风险管理策略如风险分散、保险和风险转移结合使用，以构建一个全面的风险管理框架。风险量化技术是现代财务风险管理不可或缺的一部分，通过科学地评估风险并预测其财务影响，企业可以更好地应对潜在的财务波动和市场不确定性，确保企业的长期稳定和持续增长。

1.2.3 风险对冲策略

风险对冲策略是财务风险管理中的一个关键组成部分，涉及使用一系列金融工具来减少或消除市场不确定性的影响。企业采用对冲策略，主要是为了避免受到价格波动、货币汇率变动和利率变化等不利市场条件的影响，稳定其运营成本和预期收益，从而提高整体财务的稳定性。风险对冲常用的金融工具包括期权、期货和掉期合约，期权合约赋予持有者在未来某一特定时间以预定价格购买或出售资产的权利，而不是义务，这种灵活性使得期权成为管理价格风险的有效工具。例如，一个依赖石油输入的公司可能会购买石油期权以锁定未来购买价格，从而避免油价上涨对成本的影响。

期货合约则是一种法律约束力更强的协议，要求合约双方在将来某一确定的日期按照事先约定的价格买卖某种资产。期货是常用的对冲工具之一，尤其适用于那些需求量大、价格波动性强的商品（如农产品、金属和能源产品），通过期货合约，企业可以提前锁定原材料或产品的价格，减少未来市场波动带来的风险。掉期合约则涉及两方互换未来现金流的协议，通常用于对冲利率和货币风险。例如，一家有外币收入的出口企业可以利用货币掉期合约来保护自己免受汇率波动的影响，在掉期合约下，企业可以交换不同类型的现金流（如浮动利率交换为固定利率），从而实现收益的稳定。

通过有效运用这些金融工具，企业可以构建一个多层次的风险管理策略，既保护自身免受不利市场变动的直接影响，又能利用市场机会优化自身的财务表现。然而，对冲并非没有成本，它需要支付一定的费用，如期权的购买成本或掉期合约的启动成本。因此，在决定使用对冲策略时，企业必须权衡成本与风险降低的收益。尽管对冲可以减少某些风险，但它不能消除所有风险，企业在实施对冲策略时还需要注意对冲工具的选择、对冲比例的确定，以及对冲策略的持续监控和调整。只有这样，企业才能确保对冲策略可以有效支持其整体的风险管理框架。风险对冲策略为企业提供了一种有效的工具来保护自身免受市场波动的影响，可以帮助企业通过减轻财务风险来保持竞争力。通过明智地选择和运用这些金融工具，企业可以在保护自身免受不可预见事件影响的情况下确保经营活动的连续性和效率。

1.2.4 资本缓冲与风险管理

资本缓冲作为风险管理中的一个关键策略，其重要性不可小觑。企业通过预留一定比例的资金来建立资本缓冲，这样在面对财务亏损或市场动荡时就能够提供必要的资金支持。资本缓冲可以帮助企业在经济不确定和市场压力下维持正常运营，并履行对客户和债权人的财务义务。建立有效的资本缓冲，需要企业准确识别和评估自身面临的各类风险，包括市场风险、信用风险、流动性风险及操作风险等。随后，企业需根据风险的潜在影响确定所需的资本缓冲规模。例如，面对高波动性的市场环境或潜在的大规模财务损失，企业可能需要较大的资本缓冲来保证其财务安全。

资本缓冲不仅构建了企业的财务安全网，而且还是企业信誉和投资者信心的重要体现。投资者和债权人通常会审视企业的资本缓冲情况来评估其长期的财务健康状况。企业若能显示出充足的资本缓冲，便能在潜在投资者和贷款机构中建立信任，从而更容易获得资金支持。资本缓冲还有助于企业抵御外部经济冲击，在全球金融危机或局部经济不稳定时期，拥有充足的资本缓冲可以使企业避免流动性危机，从而有机会进行市场调整和战略重组。在这种情况下，资本缓冲不仅是财务安全的保障，还是企业持续成长和发展的关键因素。

为了有效管理资本缓冲，企业需要定期评估其资本结构和财务策略，包括监控资本使用效率、优化资产负债表结构以调整财务杠杆。通过这些措施，企业可以确保其资本缓冲始终处于理想状态，既能满足运营需求，又能应对未来可能发生的风险。资本缓冲是企业风险管理体系中至关重要的部分，它不仅是对当前财务风险的直接回应，还是确保企业长期稳定和可持续发展的重要战略。通过综合评估风险、合理设定资本缓冲规模及持续优化财务结构，不仅能有效提升企业的风险抵御能力，还能增强其市场竞争力和投资者的信心。

1.2.5 法律与政策的影响

在企业的财务风险管理中，法律和政策扮演着核心角色。这些法规不仅设定了企业必须遵守的合规标准，还明确了操作规程，对企业如何评估、管理和报告风险提出了具体要求。随着法规的变更，如资本要求的调整，企业的风险管理策略也必须作出调整以适应新的法律环境。法律和政策的影响涉及多个层面，先是合规性要求。如银行和金融机构常受到严格的资本充足率要求，这是为了确保这些机构在市场动荡期间能够维持运营而不至于崩溃，这些要求强制企业保持一定比例的资本与风险加权资产之间的比率，以减少系统性风险和保护投资者及存款人的利益。法律还经常要求企业通过透明的风险报告来促进市场的整体稳定，如企业可能被要求公开其财务状况、投资组合的风险敞口，以及风险管理策略的有效性，这种透明度不仅有助于监管机构监控市场健康，还能帮助投资者作出更为明智的决策。

政策变更也是影响企业风险管理的重要因素，政府和监管机构可能会根据经济环境的变化调整政策，如放宽或收紧贷款标准，调整利率政策，或改变税收法规。

这些变动会直接影响企业的资金成本、投资回报和财务策略，从而需要企业对其风险管理框架进行调整。例如，环保政策的加强可能要求企业减少碳排放，这对能源密集型行业的影响尤为显著。这类政策变动需要企业投资新技术，或改变生产流程，这样做会引发初期的资本支出增加和操作复杂性提升，进而影响企业的风险状况和管理需求。

在实施风险管理策略时，企业必须确保与这些不断变化的法律和政策保持一致，这通常要求企业设立专门的合规部门，监控法律环境的变化并确保企业策略的及时调整以符合最新的法规要求。合规部门也常常负责培训员工了解和遵守这些规定，以减少法律风险并避免可能的法律处罚。法律和政策对企业的风险管理战略有着深远的影响，通过持续监测法规变化并适时调整风险管理框架，企业可以有效地应对这些外部变动带来的挑战,同时保持企业的财务稳定和市场竞争力。这种对法律和政策变动的响应能力，是企业风险管理成功的关键。

1.2.6 技术进步在风险管理中的应用

随着科技的迅速发展，财务风险管理领域正在经历一场由数据驱动的变革，特别是大数据分析和机器学习等技术的应用，为风险管理带来了更高的精确性和效率。这些技术不仅为企业风险管理提供了深入的审查能力，还帮助其预测和缓解各种风险，从而在优化财务表现和决策过程中发挥着重要作用。大数据分析使企业能够处理和分析大量的数据，这些数据可能源自市场交易、客户行为和经济指标等多个方面，通过高效地分析这些数据，企业可以获得之前难以捉摸的市场趋势和风险模式。例如，通过分析历史交易数据和市场行为，企业可以识别出潜在的市场和信用风险，并据此制定相应的对策。

机器学习技术进一步扩展了大数据的应用范围，通过让计算机学习大量的数据样本，帮助企业建立模型来预测未来的市场动态和风险事件。这些模型能够在分析复杂的市场条件和风险因素时，提供更为精准的预测，从而帮助企业在风险出现前采取预防措施。技术的进步也使风险管理过程更加自动化和实时化，实时数据分析使得风险管理不再依赖于周期性的财务报告，而是可以及时监控风险指标，快速响应市场变化。这种实时监控系统极大地提高了企业应对突发经济事件的能力，减少了潜在的财务损失。机器学习技术在风险管理中的应用还包括提高合规性和透明度，随着不断增加的监管要求，企业需要确保其操作符合所有相关的法律和政策。自动化工具和算法可以有效帮助企业跟踪和报告其风险管理活动，确保符合监管机构的要求，这些工具还可以帮助企业在内部审计和风险评估过程中维护数据的准确性和完整性。

尽管技术的应用带来了诸多好处，企业也必须注意管理与之相关的新风险。例如，对技术平台的依赖可能产生新的安全风险（如数据泄露或网络攻击），过度依赖自动化系统可能在系统出错时放大错误的影响。因此，企业在利用这些先进技术优化风险管理时需要建立相应的监控和控制机制，确保技术应用的安全性和可靠性。大数据和机器学习等技术的进步正在不断改写财务风险管理的规则，利用这些技术，企业不仅能更准确地识别和预测风险，还能更有效地进行风险决策和响应。随着这些技术的不断发展和完善，预计未来企业的风险管理能力将进一步增强，在不断变化的市场环境中保持竞争力。

1.3 气候变化与财务风险的交叉点

1.3.1 投资组合的气候风险暴露

当前的财务风险管理实践中，气候变化带来的风险已经成为一个不可忽视的因素，特别是对投资组合的影响。投资组合的气候风险暴露评估旨在识别和量化那些因气候变化而可能遭受重大影响的资产，包括极端天气事件对物理资产的直接损害，以及因政策变化导致的行业影响，通过全面理解这些风险，投资者和企业可以调整其投资策略以减少未来潜在的财务损失。极端天气事件如飓风、洪水、干旱和海平面上升，直接威胁到物理资产的安全和运营效率。例如，沿海地区的房地产和基础设施，因海平面上升而面临洪水侵袭的风险增大；农业资产则可能因干旱和温度升高而遭受损失。为了评估这些风险，投资者需要分析资产位置、设计和建造标准以及历史天气数据，从而对未来可能发生的损害有一个预见性的认识。

政策变化也是影响投资组合气候风险的重要因素之一。随着全球对气候变化认识的加深，许多国家和地区正在实施更为严格的环保法规，这些法规可能会影响特定行业的盈利模式和投资吸引力。例如，碳排放限制和可再生能源的补贴政策可能会影响传统能源公司的市场价值，增加清洁技术和可再生能源行业的投资机会。在对投资组合进行气候风险评估的过程中，使用气候模型和财务模拟工具是至关重要的，这些工具可以帮助投资者模拟不同气候场景下的资产表现，从而更好地量化风险和预测潜在的财务影响。投资者还应考虑到风险的不确定性和长期性，采用动态调整的策略来应对气候变化带来的持续挑战。

在实践中，投资者和企业经常会通过多种方式减轻气候风险的影响，这包括多样化投资组合、增加对气候弹性高的资产的投资，以及通过购买保险等金融产品来转移风险，与利益相关者的沟通也是管理气候风险的关键部分，包括与投资者、监管机构和公众的对话，这有助于提高气候风险管理的透明度和效果。随着气候变化对全球经济和社会的影响愈发明显，对投资组合进行气候风险暴露评估已成为现代财务风险管理的重要组成部分，通过系统的风险识别、评估和管理，投资者与企业不仅可以保护自身免受不利影响，还可以在转型到更可持续的经济中发现新的增长机会。

1.3.2 气候变化相关的金融产品创新

随着全球对气候变化的日益关注，金融市场推出了多种创新金融产品，这些产品不仅支持气候友好项目的发展，还为投资者提供了管理气候变化风险的有效工具。其中,绿色债券特别设计和气候相关衍生产品是两类具有代表性的金融创新，绿色债券用于资助那些对环境负面影响小的项目，如可再生能源、节能建筑和清洁交通项目，这类债券为投资者提供了一个明确的渠道，通过其投资可以直接促进环保和可持续发展项目。绿色债券通常由政府机构、国际银行或大型公司发行，其资金专门用于资助符合环保标准的项目。绿色债券的发行不仅可以资助环境项目，还能吸引那些对环境责任感强烈的投资者，从而扩大这些债券的吸引力。

气候相关衍生产品则是为市场参与者提供对冲气候变化风险的金融工具，这些衍生产品是基于天气指数的期权、期货或掉期合约，允许企业和投资者对冲由于气候变化引起的不利天气条件的影响。例如，农业企业可以利用这些衍生产品对冲由于异常天气（如干旱或洪水）导致的作物产量下降的风险。气候衍生产品可以帮助企业和投资者管理那些直接影响他们资产与业务的气候风险，这些创新的金融产品不仅资助和推动了气候友好项目，还在于它们增强了金融市场在气候变化领域的适应能力和韧性。为了支持这类金融产品的发展，许多国家和地区的政府机构都制定了相应的支持政策，包括提供税收优惠、发行政府担保的绿色债券及建立相应的市场准入标准。

随着投资者和消费者对企业的环境影响日益关注，绿色金融产品已成为企业展现其社会责任的一个重要工具。企业通过发行绿色债券或参与气候相关的金融交易，不仅可以优化其资本结构，还能提高其品牌的环保形象，吸引更多关注可持续发展的投资者和消费者。随着气候变化对经济和社会的影响越来越大，相关金融产品的创新为应对这一全球性挑战提供了新的工具和机遇。通过投资这些创新产品，投资者不仅能够获得财务回报，还能为促进环境的可持续性和增强社会责任感作出贡献。

1.3.3 监管要求对财务策略的影响

随着全球对气候变化问题的日益重视，监管机构开始要求企业在其业务决策和财务报告中考虑气候变化的潜在影响，这一变化促使企业必须重新评估和调整其财务策略以确保符合越来越严格的监管要求，同时管理因气候变化带来的风险。监管机构的这些要求通常包括详细披露企业可能面临的气候相关风险，如极端天气事件对企业资产的直接损害，或更广泛的政策变化对市场需求和成本结构的影响。这种披露不仅增加了透明度，还有助于投资者和其他利益相关者更好地理解企业面临的风险和管理策略。

为了应对这些新的监管要求，企业需要采取一系列措施，引入或加强现有的风险管理框架，以确保能够系统地识别、评估和报告气候相关风险。这可能需要建立专门的团队来监控与气候变化相关的市场和政策动态，以及评估这些变化对企业的潜在影响。企业需要通过加强内部控制和审计过程来保证风险披露的准确性与及时性，这涉及修改财务报告程序，确保所有相关的气候风险都能被记录和评估。企业可能还需要与外部合作（如环境科学家和可持续发展专家），以获得有关气候变化影响的最新科学和技术见解。

企业还需调整其长期财务策略，以适应因气候变化而产生的新的商业机会和挑战。例如，企业可能会增加对可持续技术和绿色项目的投资，或重新配置其资产组合，以减少对高排放行业的依赖，这些策略不仅有助于降低气候风险，还能帮助企业利用新兴的市场机会，提高其在未来市场中的竞争力。为了确保能够有效应对监管变化，企业还需要加强与监管机构的沟通和合作，包括及时响应监管查询、参与行业标准的制定，以及在制定和实施新的合规措施过程中与监管机构保持密切合作。随着监管机构对企业气候变化披露要求的日益严格，企业必须通过改进风险管理实践和调整财务策略来应对这些新的挑战，才能提高其在日益复杂的全球市场环境中的适应性和竞争力。

1.3.4 绿色金融与可持续投资

绿色金融与可持续投资已成为当今金融领域的重要趋势，这些策略兼顾环境责任并追求实现环境效益，反映了全球对气候变化挑战的响应以及对可持续发展目标的支持。随着环境问题的日益严峻，投资者和企业认识到可持续性投资不仅可以带来正面的社会和环境影响，还能实现长期的经济回报。绿色金融通常涉及资金的投放，这些资金专门用于支持与环境保护有关的项目，如可再生能源的开发、节能减排技术的推广、绿色建筑的建设以及清洁交通工具的开发等。这类金融活动的典型产品包括绿色债券和基金，它们提供资金，主要用于支持那些有助于减少碳足迹、提高能源效率和促进环境可持续的项目。

可持续投资不仅关注环境因素，还包括环境、社会和治理（Environmental，Social，and Governance，ESG）准则。这种投资策略可以评估企业在环保、社会责任和透明度方面的表现，以确定这些企业是否符合可持续发展的标准。投资这类企业被视为减轻投资组合中环境风险的一种方式，同时也能够推动市场向更高的道德和环境标准转变，环境效益的追求已逐渐成为评估投资回报的重要因素之一。随着消费者和公众环保的意识增强，企业的环境表现直接影响其品牌形象和市场竞争力。企业在环保领域的积极表现可以吸引更多的投资者关注，同时减少因环境问题导致的法律和声誉风险。绿色金融与可持续投资的扩展还得益于监管机构和政府的支持，许多国家开始实施政策鼓励或要求金融机构和公司采取环境责任措施，这些政策包括提供税收优惠、发放绿色债券、设立绿色基金，以及实施新的会计准则，并要求企业披露环境风险和机会。

尽管绿色金融与可持续投资带来了许多积极影响，但在实践中仍面临一些挑战。例如，如何准确评估和报告环境效益仍是一个问题，因为该问题涉及复杂的测量标准和缺乏具有透明度的报告实践。虽然市场对绿色金融产品的需求日益增长，但在全球范围内这些产品的可获得性和吸引力仍然不均衡。绿色金融与可持续投资是现代财务策略中的重要组成部分，它们不仅有助于缓解气候变化带来的风险，还能够推动全球经济向更加绿色和可持续的方向发展。通过这些金融策略，资本市场正在积极地参与到全球环境保护的行动中，表明财务决策与全球环境和社会责任之间的目标可以并行不悖。

1.3.5 企业披露的气候相关信息

在当前全球经济环境中，企业面临的压力越大，就越要详细披露其业务活动中的气候相关信息，这些信息包括企业的碳排放量、使用的可再生能源比例，以及气候变化对其运营和财务表现可能产生的影响。随着全球对气候变化问题的关注度不断提高，这种透明度被视为评估企业气候风险的关键因素，特别是对投资者和监管机构来说尤为重要。

详细的气候相关信息披露有助于投资者作出更明智的投资决策。例如，投资者可以通过评估企业的碳排放量和可再生能源的使用情况，确定企业是否符合可持续投资标准。透明的气候信息披露也能够帮助投资者评估企业面对环境政策变化的适应能力和可持续性，从而评估其潜在的财务风险，同样监管机构可以利用这些信息来确保企业遵守环保法规和标准。随着各国政府加强环境立法和监管，政府对企业的环保要求也越来越严格，企业必须披露其环境影响信息以证明其业务活动符合国家或国际的环境保护要求，若未能适当披露这些信息企业将面临法律和监管风险，包括罚款、声誉损失乃至运营许可的限制。

详尽的气候相关信息披露还能促使企业采取措施减少其对环境的影响。通过公开其碳足迹和资源利用情况，企业不仅向外部利益相关者展示其透明度和责任感，也促使内部管理层关注并优化能源使用和废物管理。这种内部和外部的压力可以推动企业实施更加环保的操作和业务策略，进而提升其在市场中的竞争力。对企业而言，实施全面的气候相关信息披露策略需要整合多部门功能，包括环境、社会责任、财务和法律部门的协作，这种整合确保了信息的准确性和全面性，可以帮助企业构建全方位的环境风险管理框架。随着全球对气候变化影响认识的加深，企业详细披露气候相关信息已成为现代商业实践中的一个必要方面，这不仅有助于提高企业的透明度和责任感，还对投资者及监管机构评估和管理与气候相关的财务风险至关重要。通过这些措施，企业不仅能够减轻环境风险，还能在日益增长的绿色全球经济中维持其竞争力和市场地位。

1.3.6 气候风险的长期财务影响

气候变化对企业的财务状况构成了长期挑战，影响领域涵盖资产价值、运营成本及收入等多个方面。企业要想维持其竞争力和市场地位，就必须采取有效的预防措施，并将气候风险管理纳入其长期战略规划中，资产价值的潜在下降是气候变化带来的一大财务风险。随着气候条件的变化，特定地区会因自然灾害的增加（如洪水、飓风和极端气温）而变得不适宜进行某些商业活动，导致此地的物业和设施价值下降。随着碳排放限制和其他环保规定的实施，依赖化石燃料的资产（如传统能源生产设施），会面临贬值或成为被淘汰的资产。

运营成本的增加也是企业必须面对的重要财务挑战，如为了适应新的排放标准和环保要求，企业需要投资新技术和设备或改造现有的生产流程，这些都会增加初始的资本支出和长期的运营费用。极端天气事件的增加也可能导致供应链中断、增加原材料的获取成本以及保险和恢复活动的成本。气候变化可能直接影响企业的收入，随着全球气候政策的变化和市场对可持续产品的需求增加，若未能及时调整产品和服务会导致企业失去市场份额。气候变化引起的自然灾害和资源短缺也可能暂停企业的生产活动，影响企业的销售和利润。为了应对这些长期的财务影响，企业需要采取一系列的预防措施并将气候风险管理作为战略规划的一部分，包括研发更加环保和资源效率更高的产品与技术，改善能源管理和增加可再生能源的使用比例，以减少对环境的依赖和潜在的监管风险。企业还需要优化其供应链管理，确保供应链的弹性，减少因天气极端化带来的风险。

企业还应通过加强与政府机构、行业组织和其他利益相关者的合作，共同寻找解决方案，对抗气候变化带来的挑战。这种合作不仅可以帮助企业获取关于气候变化的最新信息和资源，还可以增强企业在公众和市场中的声誉。作为一种积极应对环境问题的表现，气候变化对企业的财务影响是深远且多方面的，企业要从多个角度出发，制定全面的应对策略，并将气候风险管理整合到长期战略中，以减轻气候变化带来的财务风险，致使企业在未来的市场竞争中占据有利位置。

第 2 章 气候变化对全球经济的影响

2.1 行业层面的影响分析

2.1.1 农业与气候变化的相互作用

气候变化对农业的影响是深远且复杂的。随着全球气温的上升及降水模式的不断变化，农业生产面临前所未有的挑战。降水量的增减和分布的不均匀直接影响了土壤湿度和作物的生长条件，从而影响了作物的产量和品质。极端天气事件（如干旱、洪水和热浪）的频率和强度的增加，进一步威胁到了作物的生长，增加了农业生产的不确定性。为了应对这些变化，农业行业需要实施适应性管理措施，如开发和采用耐旱或耐涝的作物品种。这些品种能够适应变化的气候条件，保证在不利环境下仍能维持较高的生产力。精确的天气预报和气候模型的使用可以帮助农户预测天气变化，进而合理安排播种和收获时间，减少气候变化带来的风险。

灌溉技术的改进也是适应气候变化的重要策略之一，传统的灌溉方法（如泛灌）往往导致大量水资源的浪费，现代化灌溉技术（如滴灌和喷灌）则能够更加精准地将水分直接输送到作物根部，大大提高了水的利用率并减少了水资源的消耗。这些技术有助于保持土壤结构和防止盐分积累，提高作物的生长效率。除了这些技术和管理上的调整，农业政策的制定者和执行者也需要考虑气候变化的长期影响。政策支持（如补贴政策、技术推广、培训和研发投入）是确保农业可持续发展的关键，这些政策不仅支持农民采用新技术，还鼓励其采取长远的生态可持续农业实践，如土壤保护和生物多样性的保护。

环境保护措施也不容忽视，农业活动本身是温室气体排放的一个来源，尤其在使用化肥、农药和机械耕作时，因此推广环境友好型农业实践，如有机农业、保护性耕作和综合病虫害管理，不仅可以减少对环境的影响，也能提高农业系统对气候变化的适应能力。科技在应对气候变化中的作用不可忽视，生物技术的发展如基因编辑和分子育种技术，为培育适应气候变化的作物提供了新工具，通过这些技术可以改良作物的遗传特性，使它们能够更好地抵御病虫害，适应不同的土壤和气候条件，从而增强整个农业系统的韧性。

2.1.2 能源行业的转型与挑战

能源行业正在经历一场前所未有的转变，这一转变的核心是从传统的化石燃料向可再生能源的过渡。面对全球气候变化带来的威胁，减少温室气体排放已成为全球的共识，这种转型不仅是技术上的挑战，也涉及资本投资和市场的广泛接受。在技术方面，虽然可再生能源（如风能、太阳能和水能）技术已经取得显著进步，但在全球范围内替代传统能源仍面临许多技术难题。例如，太阳能和风能的间歇性问题尚未得到完全解决，这影响了能源供应的稳定性和可靠性。电力存储技术尤其是大规模电池存储系统的成本和效率，仍然是推广可再生能源的重大障碍。从资本投资的角度看，向可再生能源转型需要巨额的初始投入，建设新的发电设施、更新电网基础设施以及开发高效的能源存储解决方案都需要大量资金，早期的可再生能源项目往往面临更高的财务风险，可能使投资者犹豫不决，因此吸引私人资本和政府资助成为实现这一转型的关键。

市场接受度同样关乎能源行业的转型成功与否，尽管公众对环保和可持续发展的意识有所提高，但可再生能源得到广泛接受还受到成本、可靠性和便利性的限制。例如，尽管家庭太阳能系统可能减少对传统电网的依赖，但高昂的安装成本和维护费用可能阻碍其普及。对于工业大用户而言，确保可再生能源能满足其大规模、持续的能源需求仍是一个挑战，解决这些挑战需要综合策略的支持，政府可以通过制定激励政策（如税收优惠、补贴和可再生能源配额制度），鼓励可再生能源的开发和使用，加强对新技术（如提高能源转换效率、降低能源存储成本的技术）的研发投入将是提高可再生能源市场竞争力的关键。

国际合作在应对气候变化和推动全球能源转型中起到不可替代的作用。全球气候协议和多国之间的技术交流，可以加速可再生能源技术的创新和传播。跨国公司和国际金融机构在资金与技术流动中的作用也极为关键，它们可以帮助低收入国家跨越能源转型的资本壁垒，但需要注意的是，可再生能源的推广不应该牺牲能源的可靠性和经济性，因此开发混合能源系统，利用智能电网技术来优化能源的分配和使用，将是确保能源系统整体效率和稳定性的关键。通过持续教育和组织公众参与活动，提高公众对可再生能源优势的认知，也是推动能源转型的有效手段。能源行业的转型既是对抗气候变化的必要措施，又是推动经济向可持续方向发展的机会，虽然挑战重重，但通过合理的策略和国际合作，全球能源转型的未来是光明的。

2.1.3 金融业应对气候风险的策略

气候变化正在对金融业产生深远的影响，迫使金融机构重新评估风险管理策略。随着极端天气事件的频发和全球转向低碳经济，金融业面临前所未有的挑战，为应对这些挑战，金融机构正在采取一系列创新策略，如将气候风险纳入风险评估模型、开发绿色金融产品及调整投资组合。

气候风险评估已成为金融机构风险管理的核心部分，银行和保险公司正在开发新的模型和工具，以准确地评估气候变化对其贷款和投资组合的潜在影响。这些模型兼顾物理风险如海平面上升和极端天气事件对资产价值的影响，以及转型风险（如政策变化和技术进步）对某些行业的影响。通过整合气候科学、经济学和金融学的数据与方法，金融机构能够更好地预测和管理长期风险。金融机构还在加强气候相关财务信息的披露，以提高透明度并帮助投资者作出更明智的决策。许多机构已经开始采用气候相关财务信息披露工作组（Task Force on Climate-ralated Financial Disclosures，TCFD）的建议，提供有关气候风险管理策略和绩效的详细信息。

绿色金融产品的开发和推广是金融业应对气候风险的重要策略之一。绿色债券、可持续发展挂钩债券和气候适应债券等创新型金融工具正在快速增长，为低碳项目和气候适应性基础设施提供资金。金融机构还在开发新的保险产品以覆盖气候相关风险，如作物保险和极端天气事件保险，这些产品不仅为金融机构创造了新的收入来源，还有助于促进整体经济向可持续发展转型。金融机构正在调整其投资策略，增加对可再生能源、清洁技术和其他低碳行业的投资，同时减少对高碳排放行业的敞口，这种投资组合的调整不仅有助于管理气候风险，还能捕捉到低碳经济转型带来的机遇。

金融业应对气候风险的策略还包括加强与政府、监管机构和其他利益相关者的合作。金融机构正在积极参与制定气候政策，为其提供专业知识和见解，以确保政策框架能够有效地支持金融系统向低碳经济的转型。金融机构也在加强内部能力建设，让员工了解气候风险和可持续金融原则，以确保整个组织能够有效地识别和管理气候相关风险与机遇。通过这些全面的策略，金融业正在积极应对气候变化带来的挑战，为构建更加可持续和有韧性的金融体系作出贡献。可持续发展金融如图 2-1 所示。

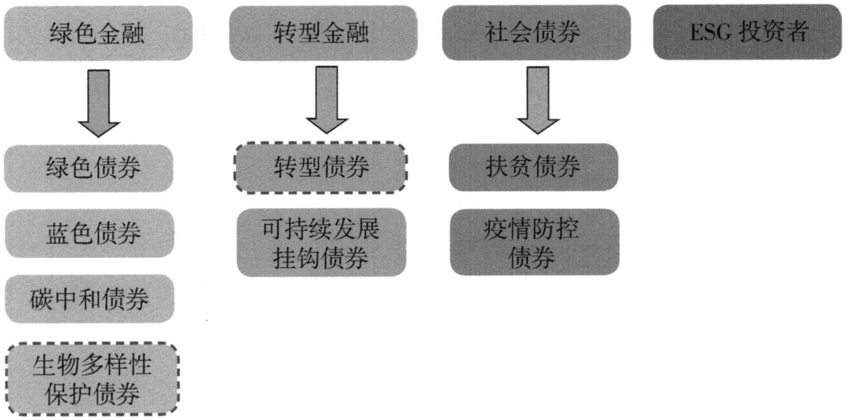

图 2-1　可持续发展金融

2.1.4 气候变化对房地产业的影响与适应

气候变化对房地产业的影响日益显著，这一行业正面临前所未有的挑战和机遇。随着全球气温和海平面的上升以及极端天气事件的频发，房地产资产的价值和风险评估正在发生深刻变化，这些变化不仅影响了现有建筑和基础设施的安全性与适用性，还改变了未来房地产开发的策略和方向，房地产业正在采取一系列措施，应对这些挑战并把握新的发展机遇。

气候变化对房地产业的影响主要表现在三个方面：物理风险、转型风险和市场风险。物理风险包括海平面上升导致的沿海地区洪水风险增加，极端天气事件（如飓风、热浪和干旱）对建筑物和基础设施的破坏，以及气温升高导致的能源需求变化，这些物理风险直接影响房地产资产的价值和保险成本。转型风险源于低碳经济转型过程中的政策、法规和技术变革，如建筑能效标准的提高和碳排放限制的实施，可能导致某些房地产资产提前报废或需要大规模改造。市场风险则反映了消费者偏好和投资者行为的变化，如对环保建筑的需求增加和对高风险地区房地产的投资意愿下降，这些风险因素正在重塑房地产市场格局，影响着资产定价、投资决策和开发策略。

为应对这些挑战，房地产业正在积极采取应对措施。在建筑设计和施工方面，越来越多的开发商开始采用气候适应性设计原则，如提高建筑抗洪能力、增强结构抗风性能、改善自然通风和隔热性能等。绿色建筑和可持续发展理念正在得到广泛应用，通过采用节能技术、可再生能源系统和智能建筑管理系统，不仅降低了建筑物的碳足迹，还提高了其在极端气候条件下的适应能力。在城市规划和土地利用方面，气候韧性正成为关键考虑因素，许多城市正在制定综合的气候适应策略，包括改善排水系统、增加绿地和水体面积、建设防洪设施等，以提高整个城市对气候变化的适应能力。

房地产业还在金融和风险管理方面采取了创新措施。气候风险评估正被逐步纳入房地产估值和尽职调查过程中，投资者和开发商开始使用更加复杂的模型来评估长期气候风险。新的金融产品和保险方案也在不断涌现，如绿色抵押贷款、气候适应性债券等，为气候适应性项目提供资金支持。不动产投资信托基金（Real Estate Investment Trusts，REITs）也在调整其投资组合，增加对气候适应性强的资产配置，房地产业正在加强与政府、学术界和技术公司的合作，共同开发创新解决方案，如利用大数据和人工智能技术进行气候风险建模和预测。通过多方面的努力，房地产业正在逐步提高其应对气候变化的能力，并在这一过程中发掘新的价值创造机会。

2.2 宏观经济的变动趋势

2.2.1 气候变化对全球 GDP 的影响

气候变化对全球 GDP 的影响在 2024 年愈发显著，其负面效应持续加深。根据国际货币基金组织（International Monetary Fund，IMF）的最新报告，2024 年因极端天气事件导致的全球经济损失已达 4500 亿美元，这一数字凸显了气候变化对世界经济的严重冲击。

农业部门受气候变化的影响尤为明显。2024 年，全球主要作物产量普遍下滑，联合国粮食及农业组织（Food and Agriculture Organization of the United Nations，FAO）的数据显示，全球谷物总产量较上年下降 1.2%，其中，小麦和玉米产量分别下降 5.3% 和 4.8%。农业生产的波动不仅影响了农民收入，还推高了食品价格，加剧了全球粮食安全问题。2024 年，全球面临饥饿的人口已超过 9.5 亿，气候变化无疑是加剧这一问题的重要因素。

其他经济部门同样受到气候变化的严重影响，2024 年，多个国家遭遇了史无前例的自然灾害。北美地区经历了多次破纪录的热浪和野火，欧洲则遭遇了严重的洪涝灾害；亚洲多国面临台风和暴雨的频繁侵袭。据全球再保险巨头瑞士再保险公司估计，2024 年全球自然灾害造成的经济损失高达 3500 亿美元，这一数字远超过去十年的平均水平，这些损失不仅包括直接的基础设施破坏，还涵盖了生产中断和供应链受阻等间接成本。

旅游业作为全球经济的重要组成部分，在 2024 年继续承受气候变化带来的压力。地中海沿岸国家因持续的高温天气导致游客数量大幅下降，而加勒比地区则因飓风活动增加而遭受重创。联合国世旅组织（UN Tourism）的数据显示，2024 年全球旅游业损失约 2.5 万亿美元，占全球 GDP 的 2.8%，这一数字反映出旅游业对气候变化的高度敏感性，也凸显了气候适应措施对维持旅游业发展的重要性。

尽管气候变化给全球经济带来了巨大挑战，但各国正在加大应对力度，2024 年，全球可再生能源投资达到创纪录的 4500 亿美元，反映出各国在绿色转型方面的决心。主要经济体纷纷加快了向低碳经济转型的步伐，许多国家提出了更为强劲的减排目标和具体行动计划，虽然这些措施在短期内可能会对经济增长造成一定压力，但长远来看，发展绿色低碳经济不仅是应对气候变化的必然选择，还将成为推动经济可持续发展的新动力。通过加强国际合作大力发展绿色技术和产业，全球经济有望在应对气候挑战的同时开辟出新的增长路径。

2.2.2 气候变化对劳动力市场的影响

气候变化对全球劳动力市场产生了深刻的影响，主要体现在行业结构的变化、劳动需求的转变及职业工作环境的变化方面，这一过程催生了新的就业机会，尤其是在可再生能源和气候适应技术领域。随着气候变化对农业、旅游和建筑等传统行业产生了越来越大的影响，劳动力市场的需求结构也在发生变化。在农业领域中，由于气候条件的变化导致作物生长周期和产量不稳定，迫使该领域对农业技术和管理专业人才的需求日益增加，这些专业人才需要运用先进的农业技术和气候适应策略，提高农业的抵抗力和生产效率。在旅游业中，天气过热或频繁遭受自然灾害导致某些传统旅游目的地难以吸引游客，相关地区的就业机会可能会减少，一些原本较冷的地区可能因为气候变暖而成为新的旅游热点，这将需要新的服务人员和管理人才开发与管理这些新兴旅游目的地。

建筑行业同样正在经历劳动需求的变化。随着越来越多的建筑项目需要符合更高的环境效率和耐气候影响的标准，对绿色建筑和可持续设计领域的工程师、设计师和施工人员的需求正在逐步增长，这些工作人员需要掌握最新的建筑技术和材料知识，以确保新建筑能够适应不断变化的气候条件。极端气候条件还可能直接影响劳动环境，使某些职业的工作环境变得更加恶劣，户外工作（如建筑施工、路面维护和农业劳作）在高温条件下的健康风险不断增加，可能需要更多工作时间的调整和防护措施的改进，这要求企业和政策制定者采取合理的健康与安全措施，以保护劳动者免受恶劣气候条件的影响。

应对气候变化的行动在可再生能源领域也催生了新的就业机会。随着太阳能、风能和其他可再生能源技术的发展，相关设备的生产、安装和维护需要大量技术人员和劳动力。气候适应技术领域（如海平面上升和城市防洪系统的开发）

也需要专门的工程师和技术支持人员。因此，劳动力市场需要适应气候变化，教育和培训机构需要更新课程和培训项目以培养符合新需求的劳动力，政府和相关行业也需要合作，通过政策支持和激励措施鼓励劳动力向新兴领域转移，以确保经济和社会的平稳过渡与可持续发展。

2.2.3 公共支出与气候适应性投资

面对气候变化带来的严峻挑战，各国政府正在加大公共支出，尤其在防洪与灾害管理、基础设施加固以及新技术研发等关键领域，这些投资不仅在于缓解气候变化带来的负面影响，也是推动经济长期可持续发展的重要举措。在防洪和灾害管理方面，政府投资主要集中在提升防灾准备和应急响应能力，随着洪水和飓风等极端天气事件的增加，更新和加固防洪设施（如堤坝、排水系统和潮汐屏障）变得尤为重要。提高灾害预警系统的精确性和反应速度也是政府投资的重点，包括购买和部署先进的气象监测设备，以及建立更为有效的信息传递和人员疏散机制。

在基础设施加固方面，随着气候条件的变化，原有的基础设施面临许多新挑战，如道路和桥梁在极端高温下可能出现损害，电网系统在风暴中可能中断。因此，政府加大了在这些领域的支出（包括使用更耐气候影响的材料，设计更为弹性的能源供应网络，加强基础设施的综合性气候适应规划）。科技研发方面的投资也被视为对抗气候变化的关键，政府资助的研究项目涵盖了从清洁能源技术到气候模型预测等广泛领域，这些项目旨在探索和开发新技术，如碳捕获和储存技术、高效太阳能电池以及其他可再生能源技术。通过推动这些技术的商业化和普及，不仅能够减少国内温室气体的排放，还能够促进新兴环保产业的发展，创造新的就业机会。

尽管在短期内政府在这些领域的投资可能会增加公共财政的负担，但从长远来看这些开支是必要的，因为它们有助于减少更大规模自然灾害可能带来的经济损失。通过减少经济活动来更好地保护人民生命财产安全，以及促进清洁技术产业的成长，这些投资可以为经济带来更加稳定和可持续的增长前景。因此，政府在公共支出和气候适应性投资方面的选择是平衡当前需求和未来风险的重要方式，通过这些策略性投资可以保护国民经济免受气候变化的严重影响，还能够引领经济向更绿色、更可持续的方向发展，这种前瞻性的财政政策是确保国家长期安全和繁荣的关键。

2.2.4 绿色技术与创新的经济激励

随着全球对气候变化影响认识的日益加深，政府与私营部门正在加大对绿色技术和创新的投资力度，旨在通过这些技术解决环境问题，同时促进新兴经济的发展。绿色技术的广泛应用不仅有助于减轻气候变化带来的负面影响，还开辟了新的市场机会，推动了新的工业发展，从而成为现代经济体中的动力。碳捕获与储存（Carbon Capture and Storage，CCS）是当前政府和企业特别关注的领域之一，该技术能有效地从工业排放中捕获二氧化碳，并将其安全地存储在地下以减少大气中的温室气体浓度。尽管初期投资和运营成本较高，但通过政府财政补贴和税收优惠政策，越来越多的企业开始考虑采用这一技术，随着技术的成熟和规模化应用，预计成本将逐步降低。

在能源效率提升方面，高效能源利用技术正在变得日益重要，这包括更高效的供暖、通风与空气调节（Heating Ventilation and Air Conditioning，HVAC），以及改进工业生产流程和设备，这些技术不仅帮助企业和家庭降低能源消耗与费用，还减少了对环境的影响。政府通过设立能效标准和提供能效升级的财政激励措施，如退税或直接补贴，来推动这些技术的广泛应用。可持续材料技术也是绿色创新的一个重要方向，研究与开发新材料如生物基塑料和轻质高强度复合材料，不仅可以减少对传统化石燃料的依赖，还可以在生产过程中减少环境污染。这些材料广泛应用于汽车、建筑和包装等行业，帮助企业应对越来越严格的环保法规，同时也打开了新的市场前景。

政府在推动绿色技术和创新方面起着至关重要的作用，通过制定有利的政策环境，如简化绿色技术的审批流程、提供研发资金支持以及制定长期的环境目标，政府不仅可以激励私营部门的投资，还可以通过公私合作项目直接参与绿色技术的开发和应用，此外，可以通过教育和公众宣传提高社会对绿色技术重要性的认识，从而创造一个支持创新的文化和市场需求。绿色技术和创新在应对气候变化的同时也为全球经济提供了新的增长点，通过政府和私营部门的合作以及持续的技术进步，绿色技术将继续在全球经济中扮演越来越重要的角色，推动经济向更可持续和环保的方向发展，这不仅符合环境保护的目标，还为企业和社会创造了丰富的经济效益。

2.2.5 气候变化与金融政策的关系

随着全球气候变化对经济活动的影响越来越明显，中央银行与金融监管机构不得不重新评估其政策工具箱中的工具以应对这些新挑战。气候变化带来的风险已经成为金融稳定性评估的一个重要因素，促使政策制定者必须思考气候变化对宏观经济的多种影响，包括极端天气事件的增加、海平面上升及全球温度的变化，这些事件都直接或间接地影响到国家的经济增长、物价稳定及就业情况。例如，极端天气事件如飓风和洪水可能造成巨大的财产损失，影响农业生产从而导致食品价格波动，进一步影响通货膨胀率。在这种背景下，中央银行的货币政策制定者面临重大挑战，需要调整政策以应对气候变化带来的经济不确定性。传统的货币政策工具（如调整利率或进行量化宽松）则需要结合更具前瞻性和灵活性的措施，应对这些不断变化的经济风险。

一种可能的策略是通过绿色债券或其他可持续金融工具引导资本流向更可持续的经济活动，这不仅可以促进绿色技术的发展，还能够帮助减轻气候变化带来的负面影响。金融机构可通过增加对环境友好型企业的贷款支持，鼓励更多的企业减少碳排放。另外，考虑到气候变化的长期性和不确定性，中央银行可以考虑将气候变化相关风险纳入其宏观审慎政策框架中，这意味着在评估金融机构的资本充足率和风险管理能力时，需要考虑这些机构是否能够应对气候相关的财务风险。监管机构可以通过制定更严格的信息披露要求来提高市场的透明度，这样投资者和债权人可以更好地评估企业与金融机构面临的气候风险，并据此作出更明智的投资决策。

面对全球气候变化的挑战，货币政策的角色正在发生变化。从传统的关注点——维护物价与金融市场稳定——转变为关注如何通过政策工具促进环境的可持续发展。气候变化已经成为影响全球经济稳定与增长的关键因素，中央银行及金融监管机构必须在其政策中增加对气候变化影响的考虑，通过调整和扩展货币政策的应用范围，更有效地应对气候变化带来的经济挑战。

2.2.6 能源价格波动与经济稳定性

能源市场正在经历一场深刻的转型，由主要依赖化石燃料向广泛采用可再生能源过渡，这一转变虽然对减缓气候变化具有积极意义，但同时也给全球经济稳定带来了新挑战。能源价格的波动尤其是在过渡期间，可能导致经济的不稳定，这对依赖传统能源的经济体尤为显著。

过去化石燃料的价格波动已经证明其对全球经济具有深远的影响，价格上升会增加企业运营成本和家庭生活费用，从而抑制经济增长和增加通货膨胀压力；反之，价格下降虽然减轻了消费者的负担，但可能损害以出口石油为主国家的经济，造成其财政收入减少和经济增长放缓。随着可再生能源技术的发展和政策推动，全球能源供应的构成正在快速变化，风能和太阳能等可再生能源的成本逐年下降，使得这些能源越来越经济实惠。然而，可再生能源的引入和扩大使用也带来了供应链与价格的不确定性，特别是在技术和市场尚未完全成熟的阶段。

对于那些依赖传统能源的国家而言，能源转型不仅是经济上的挑战，还是政策和社会适应的考验。这些国家需要巨额投资来建设可再生能源的基础设施，并可能带来失业问题，传统能源行业（如煤炭和石油）的就业机会将会减少。这种转型还可能引发能源价格的短期波动，因为市场需要时间适应新的能源结构。从全球经济的角度看，能源价格的稳定性是至关重要的，经济体的可持续增长很大程度上依赖于能源成本的可预测性。企业在作出投资决策时，清晰的能源价格预期是重要的考量因素之一，因此，在保持能源价格稳定的同时促进能源结构的优化和升级是全球经济面临的重要任务。为了应对这一挑战，各国政府和国际机构可能需要采取更为协调一致的政策措施。例如，通过提供补贴和税收优惠政策支持可再生能源项目，以减少初期成本并加速技术的商业化过程，增加对能源存储技术的研发投入，以解决可再生能源供应的间歇性问题，这都是实现能源价格稳定的关键。

建立国际合作机制，协调各国能源政策及响应市场，可以有效平衡全球能源供需，抑制过度的价格波动，通过这些措施可以逐步建立一个更加稳定、可靠且环境友好的全球能源市场。能源市场的转型虽充满挑战，但也是实现经济长期稳定与可持续发展的关键，通过适当的政策调整和国际合作，全球经济可以更好地适应这一转变，减轻能源价格波动带来的负面影响。如此，依赖传统能源的经济体将逐步过渡到更加绿色和高效的能源使用模式，全球经济的平衡与稳定也将得到加强。

2.3 国际贸易与投资流的变化

2.3.1 气候政策对贸易壁垒的影响

为应对气候变化，减少温室气体排放，各国政府出台了新型贸易政策，特别是碳关税，这种贸易壁垒正逐步形成并改变全球贸易的格局。碳关税的目的是对那些碳足迹较大的产品施加额外税负，以此激励企业采用更环保的生产技术，虽然出发点是为了环保，但这种政策的实施给全球贸易带来了深刻影响。为了应对这些新的贸易政策，企业不得不重新审视和调整其生产与供应链管理，寻找减少碳排放的方法。例如，一些公司开始采用新技术减少能源消耗，或者转向使用可再生能源以降低其产品的碳税负担。碳关税的实施还促使国家之间的贸易伙伴关系发生了变化，那些能够提供低碳产品的国家可能会在新的贸易环境中获得竞争优势；相反，那些依赖高碳生产过程的国家可能会发现自己在国际市场上的地位受到挑战。

由于碳关税直接关系到产品的碳足迹，因此它还推动了全球供应链的地理重组。企业开始寻找距离较近的供应商以减少运输过程中的碳排放，或者选择在环境标准更高的国家进行投资建厂。这种供应链的优化不仅是对税收政策的适应，还是企业社会责任战略的一部分，然而碳关税也带来了一系列挑战。在国际贸易中，如何公平有效地实施这种税种是一个复杂的问题。一方面需要确保碳关税不会成为贸易保护的工具，另一方面也要考虑发展中国家的发展权益。因此，国际社会需要通过谈判确保这种政策的公正性，避免因碳关税引发贸易争端。

碳关税的引入还可能激发一系列国际合作，如共同研发低碳技术和建立碳排放信息共享机制。通过合作各国可以共享低碳生产的最佳实践，减少全球温室气体排放，同时保持经济的稳定增长。随着气候政策的不断深入，贸易壁垒的形式和内容也在发生变化。碳关税作为一种新兴的贸易壁垒，不仅改变了企业的生产方式也正在重塑全球贸易的格局。尽管带来了一系列挑战，但碳关税的实施有助于推动全球经济向更加绿色和可持续的方向发展。各国在应对这一变化时，需谨慎权衡政策的设计与执行，确保气候行动与经济发展的平衡。

2.3.2 可再生能源市场的全球扩展

当今世界对可再生能源的需求持续增长，这一趋势显著推动了相关技术和产品在国际市场上的贸易往来。随着全球更多国家和地区认识到可再生能源对实现碳减排目标的重要性，这一行业的国际竞争愈发激烈，多国政府和企业纷纷加大在此领域的投资，以期在全球可再生能源市场中占据有利地位。这种竞争催生了大量的技术创新，促使可再生能源产品的成本逐渐降低以及技术的不断进步，如更高效的太阳能电池板和更持久的风力发电机，已经使得从太阳能和风能中获取能量变得更加经济，为更多的消费者和企业提供了采纳可再生能源的经济激励。

国际贸易在推动可再生能源技术和产品的全球扩散中扮演了关键角色。例如国家之间通过出口先进的光伏设备和风力发电技术，帮助其他国家加速其能源结构的转型，这不仅促进了技术的全球普及，还帮助这些国家实现了能源的自给自足和可持续发展。全球对可再生能源的投资不断增加，推动了国际资本流动，投资者越来越倾向于支持那些致力于开发清洁和可再生能源解决方案的公司，这反映了全球资本市场对环保友好型投资的偏好转变。许多国家的政府也提供了各种激励措施如税收优惠、财政补贴和政策支持，以吸引更多的投资进入可再生能源领域。

在可再生能源全球扩展的过程中，国际合作也显得尤为重要，不同国家和地区通过签订双边或多边协议，共享技术知识，制定合作项目，共同推动可再生能源技术的研发和应用。这种国际合作不仅加速了技术的传播，还有助于克服部分国家在技术和资金上的限制，使可再生能源解决方案在更广泛的区域得以实施，而全球对可再生能源市场的关注也促使相关国际贸易规范的发展和完善。随着市场的扩大和技术的发展，国际社会需要明确的贸易规则来管理和促进可再生能源产品的公平交易，包括对知识产权的保护、反倾销措施及环保标准的制定，这些都是确保健康竞争并促进行业持续发展的关键因素。可再生能源市场的全球扩展是一个由多方面因素驱动的复杂过程。随着全球对清洁能源需求的不断增加，国际贸易和投资流的变化为这一行业的发展带来了前所未有的机遇和挑战。通过国际合作和持续的技术创新，可再生能源有望在未来成为全球能源供应的主要来源，从而为全球经济的可持续发展贡献力量。

2.3.3 气候风险对投资的影响

气候变化带来的不确定性已经成为影响全球投资决策的重要因素。在考虑投资基础设施及资源密集型行业时，投资者必须评估各种与气候相关的风险，这些风险包括极端天气事件的增加、海平面上升和全球气候政策的变化。因此，越来越多的投资者开始寻找那些能够适应气候变化并具有较强抵抗力的投资项目。随着气候变化影响的加剧，如频繁的洪水、飓风和干旱，对基础设施的破坏越来越严重，直接影响到投资的安全性和回报率，这种现象迫使投资者在进行资本配置时，必须考虑这些新的风险因素。因此，投资决策中的风险评估模型和标准，以及对气候变化的考量正在发生改变。

例如，投资于低洼地区的房地产项目，或是位于易受气候影响的沿海区域的旅游业投资，都必须重新评估其可持续性和潜在的风险。同样，资源密集型行业（如矿业和农业）也受到气候变化的显著影响，因为资源的可获取性和生产条件直接受到天气模式和气候条件的影响。为了适应这一变化，许多投资者和投资公司开始将气候适应性与抵抗力作为评估投资项目的重要标准，这不仅是为了减轻气候变化带来的风险，更是一种向可持续投资转变的策略。例如，越来越多的基金开始投资于那些使用可再生能源和提高资源利用效率的项目。投资者也倾向于选择那些在环境、社会和公司治理方面表现优异的公司进行投资，这些公司通常更注重长期的可持续性，因此其可能更能够适应未来的环境变化和政策调整，投资这样的公司或项目，可以降低因忽视气候相关风险而面临的金融损失。

在全球范围内，对抗气候变化的投资需求正在推动国际资本流向更绿色和更可持续的项目。例如，发展太阳能和风能项目不仅有助于减少碳排放，还能提供长期稳定的投资回报；投资海平面上升影响较小的地区，或是具备强大水管理系统的地区，也是应对未来潜在风险的策略，气候风险已成为全球投资者制定投资决策时不可忽视的一部分。随着气候变化对经济的不断影响，预计未来在国际资本流动中，对环境友好和气候抵抗力强的投资项目将持续增长，通过这种方式资本市场不仅能够帮助减少气候变化的负面影响，还能为投资者带来可观的经济回报。

2.3.4 跨国公司在环境标准下的运营调整

在全球环境标准不断提高的背景下，跨国公司正面临必须调整其全球运营策略的现实，这些企业正在采取一系列措施，如引入更环保的生产技术和提高资源使用效率以确保其业务遵守新的环保法规，且能够在竞争激烈的市场中保持领先。为了减少环境风险并利用新兴市场机会，这些公司正在重构供应链、优化生产流程并采用高效的资源管理技术，以降低运营成本，并增强其品牌的市场吸引力，因为越来越多的消费者和投资者倾向于支持那些展现高环保标准的品牌。

例如，一些企业已开始在工厂安装先进的废水处理设施，以减少其对周围水体的影响；其他公司则引入了节能技术，如 LED 照明和高效率的供暖、通风与空气调节，这些技术能显著降低能源消耗并减少碳排放。许多跨国公司正在积极探索循环经济模式，将废物回收利用变成可再生资源，这不仅有助于减少生产过程中资源的需求，还降低了废弃物处理的环境和经济成本。通过这些环保举措，公司能够提升其在全球市场中的竞争力，同时满足消费者对可持续产品和服务日益增长的需求。

在策略调整的过程中，跨国公司还需要面对来自各种市场和法规的压力。不同国家和地区对于环保的要求各不相同，这要求企业必须对每个市场的具体情况有深入了解，以确保其策略既符合当地法律，又能实现全球环保目标。因此，这些企业常常投入大量资源用于研究和开发，以寻找符合各地环境标准的创新解决方案。在全球范围内，环保标准的提高也创造了新的市场机会，如随着清洁能源技术的发展和成本降低，越来越多的企业投资太阳能和风能项目，这些投资不仅帮助企业减少了对化石燃料的依赖，还提高了它们在环境保护方面的公众形象。跨国公司必须不断适应日益严格的全球环境标准，通过实施更环保的生产技术和提高资源效率优化其全球运营策略，以减少潜在的环境风险，确保抓住由全球环保趋势带来的新商机。通过这种策略转变，企业不仅能够增强其环境责任感，还能在全球市场中获得竞争优势，最终实现可持续发展的目标。

2.3.5 绿色供应链的发展与挑战

在当前全球经济体系中，企业对构建绿色供应链的关注度持续上升，这种转变旨在通过整个生产和分销过程中减少环境足迹，包括选择采用可持续方法生产的原材料和优化物流过程以降低碳排放。然而，这些变革虽然对环境保护具有显著益处，但也带来了成本和供应链稳定性方面的挑战。绿色供应链的建立要求企业在采购原材料时，优先考虑环境影响小的供应商，这通常意味着采购标准必须包括环境保护措施，如可持续林业、有机认证或碳足迹低的产品。这种做法能有效减少整个生产过程中的环境负担，但往往伴随着较高的采购成本，这些额外成本最终可能转嫁到消费者身上。

物流优化同样是绿色供应链的重要组成部分。企业通过优化运输路线、使用环保的运输方式（如电动或混合动力车辆），以及通过提高仓储效率来减少运输过程中的碳排放。尽管这些措施有助于降低企业对环境的总体影响，但也可能导致物流成本上升，特别是在初期，需要对物流基础设施进行大量投资。构建绿色供应链时，还要考虑供应的稳定性问题，环境友好的原材料来源可能较为有限，特别是当这些材料依赖特定地区或生产条件时，如某些可持续产出的农产品可能只在特定的气候条件下生长，这使得供应链容易受到气候变化和自然灾害的影响。因此，要想确保供应链的稳定性，企业需要对其供应商进行更为严格和全面的管理。

面对这些挑战，一些企业已经开始通过探索技术创新来克服障碍。例如，通过采用区块链技术来追踪和验证供应链中每个环节的可持续性标准，确保所有环节均符合企业的环保政策。企业也在通过建立更紧密的合作关系和采用共享经济模式来降低成本，以此增强供应链的灵活性和抗风险能力。

尽管建立和维持一个绿色供应链面临多方面的挑战，但这种转型对企业而言是一种长远的投资，不仅能提升企业的品牌形象和市场竞争力，还能在未来可能出台的更加严格的环保法规面前，使企业处于有利地位。随着消费者对环保问题的关注日益增加，企业的这些努力也将被市场认可和奖励。绿色供应链的发展是一个复杂且必要的过程，它要求企业在经济效益和环境责任之间找到平衡，通过创新和合作，使企业可以有效地应对成本和供应稳定性等挑战，实现经济和环境目标的双赢。绿色供应链体系如图 2-2 所示。

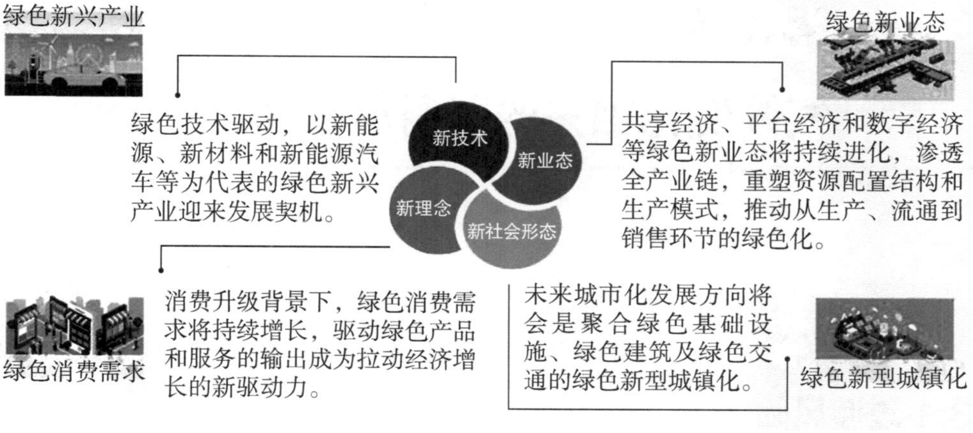

图 2-2　绿色供应链体系

第 3 章 气候变化相关的财务风险类型

3.1 过渡风险

3.1.1 政策和法规变化的影响

随着全球对气候变化的认识不断加深，各国政府纷纷制定气候相关政策和法规，这给企业经营带来了显著影响，这些政策通常涉及更严格的碳排放限制、能效标准的提升以及增加对可再生能源使用的要求。这些变动不仅可能提高企业的运营成本，还可能改变市场需求结构，同时增加企业的合规成本。碳排放限制对于依赖化石燃料的企业具有挑战性，这些限制可能要求企业减少对传统能源的依赖，并寻求更清洁和环保的能源替代方案。这种转变需要前期的高额投资，如在新技术和设备上的投入，可能导致运营成本的长期增加，如购买碳排放权的成本。

能效标准的提升要求企业在生产过程中使用更高效的技术和设备。这通常意味着需要更新老旧的机器和设备以满足新的能效要求，虽然这样的更新可以减少能源消耗，降低长期运营成本，但初期资本投入会较大。对可再生能源的使用要求增加，使得许多企业需要调整其能源采购策略，从依赖非可再生能源向可再生能源过渡，虽然这一策略有助于减少企业的碳足迹和未来的能源成本，但在短期内会遇到技术挑战和成本压力。可再生能源的供应和价格波动也可能影响企业的财务预算与计划。在市场需求结构方面，随着消费者和投资者对环保标准的关注度增加，企业需要重新评估其产品和服务的市场定位，产品和服务需要不断创新以满足市场对环保和可持续产品的需求，这不仅可能带来新的市场机会，而且可能导致某些现有产品或服务的市场需求下降。

为了应对这些政策和法规变化带来的财务风险，企业需要采取积极的策略，包括加强对政策变化的监控，提前规划应对措施，投资研发以提升产品和服务的环保特性，以及通过多元化能源策略降低能源成本的波动风险。企业还可以通过积极参与政策制定的过程，影响未来的法规方向，为自己争取更有利的竞争环境。随着全球气候政策的日益严格，企业面临的过渡风险不断上升，通过有效的风险管理和战略规划，企业可以减轻这些政策变化对运营的影响，并利用新的市场机会，在快速变化的市场环境中保持竞争力。

3.1.2 新技术的发展和采纳

新技术的发展和采纳对企业财务风险管理提出了严峻挑战。随着环保要求的不断提高，企业面临着技术升级的巨大压力，这不仅涉及大规模资本投入，还可能引发一系列财务风险。企业在采纳新技术时，率先面临的是投资风险。以 CCS 为例，其初期投资成本高昂，可能需要数亿美元的资本支出，这种大规模投资不仅会影响企业的现金流，还可能增加债务负担及提高财务杠杆。高效能源解决方案（如智能电网、可再生能源系统）的部署同样需要大量资金投入，这些投资决策如果判断失误，将导致资产减值，影响企业的财务状况和盈利能力。新技术的采纳还带来了运营成本的不确定性，新技术的引入可能需要重新设计生产流程和培训员工，这些都会增加短期运营成本。初期新技术的可靠性和效率可能存在不确定性，导致生产效率下降或质量问题，进而影响收入和利润，企业需要在财务规划中充分考虑这些潜在的成本增加和收入波动。

市场风险是企业在技术转型中面临的另一大财务挑战，如果企业未能及时采纳新技术，将失去市场份额，导致收入下降。相反，过早或过度投资某项技术也可能带来风险，尤其是当该技术未能满足行业标准时，这种市场定位的失误可能导致投资回报率低于预期，影响企业的财务表现。技术转型还可能引发合规风险和相关的财务影响，随着环保法规的日益严格，未能达到排放标准的企业将面临高额罚款或被迫停产整改，这些都会直接影响企业的财务状况。一些金融机构和投资者开始将环境表现作为融资和投资的重要考量因素，企业如果在技术升级方面落后，将面临融资成本上升或融资渠道受限的风险。

为了有效管理这些财务风险，企业需要制定全面的技术投资策略，包括详细的成本效益分析，评估不同技术方案的长期财务影响。企业可以考虑分阶段实施技术升级以分散风险和平滑投资支出，探索新的融资模式，如绿色债券和可持续发展挂钩贷款等，可以帮助企业降低融资成本，优化资本结构。企业还应该加强财务风险管理能力，建立健全风险评估和监控机制，包括定期进行技术投资的回报评估，密切关注市场和政策变化，并及时调整投资策略。通过采用多元化投资组合和灵活的成本结构等方式，可以增强企业应对技术转型带来的财务波动的能力。

3.1.3 市场偏好和消费行为的变化

消费者偏好和行为的变化会对企业的财务状况产生深远影响。随着环保意识的提升，市场对可持续产品和服务的需求日益增长，这种转变迫使企业重新评估其产品线和市场策略，对于未能及时适应这一趋势的企业，最直接的财务风险是市场份额的流失，进而导致收入下降和利润率降低。消费者越来越关注产品的环境影响，包括能效、材料的可回收性以及企业的社会责任实践，这要求企业在产品开发和营销方面进行大量投资以满足新的市场需求。

为应对这一变化，企业需要在多个方面进行调整，包括产品设计、制造流程、供应链管理和市场营销等。这些调整通常需要大量的前期投资，这会对企业的短期财务表现产生负面影响，如开发新的环保产品线会增加研发支出，改进生产工艺以减少碳排放需要购置新设备，这些都会增加企业的资本支出和运营成本。为了有效传达企业的环保承诺，营销和品牌推广费用也在上升，这些投资在短期内会压缩利润空间，影响现金流和财务灵活性。

尽管存在短期财务压力，但适应市场偏好变化的企业会获得显著的长期收益。成功开发符合新消费趋势的产品可以帮助企业扩大市场份额，提高品牌价值，甚至开拓新的收入来源。例如，一些企业通过推出环保产品线，不仅满足了现有客户需求，还吸引了新的环保意识强烈的消费群体，从而增加了收入。采用更高效的生产流程和供应链管理可以降低运营成本，提高利润率。企业还可以通过建立绿色品牌形象增强客户的忠诚度，减少价格敏感性，提高定价能力和利润空间。因此，企业需要在短期财务压力和长期战略收益之间找到平衡，制定合理的投资计划和风险管理策略，以确保在适应市场变化的同时维持财务健康水平。

3.1.4 碳定价和贸易机制的风险

随着全球对减少碳排放的共识的加强，许多国家和地区引入了碳定价机制，包括碳税和碳排放权交易系统，这些机制旨在通过经济激励推动企业和个人减少温室气体排放。尽管这些政策有助于推动全球减碳目标，但也给企业带来了新的成本压力和运营的不确定性。碳定价机制通过设定碳排放的成本，直接影响企业的经济决策，对于高排放行业如能源、制造和运输等，碳成本的增加会占据其运营成本的显著比例。企业必须寻找方法来降低碳排放以减少由碳定价政策带来的财务负担，这包括投资更清洁的技术和提高能源效率，以及转换到低碳或无碳能源来源。

碳市场的发展使企业更具灵活性，它们可以通过购买碳排放权来达到合规要求，特别是在企业内部难以立即减少碳排放的情况下。然而，碳市场的波动性会导致碳价格的不确定性，进而影响企业的财务规划和成本管理，企业需要密切监控碳市场动态以适时调整其碳排放策略和财务预算。除了直接的财务影响，碳定价和贸易机制也会改变行业内的竞争格局，企业在应对碳成本方面的能力可能成为其竞争优势或劣势。那些能够有效减少碳排放并降低能源成本的企业会获得价格竞争力，而那些排放高或对碳成本转嫁能力弱的企业在市场上将迎来较大挑战。

因此，企业需要发展综合策略以管理由碳定价和贸易机制带来的风险，包括加强能效管理、探索可再生能源解决方案、投资研发创新低碳技术，以及通过战略规划确保在碳市场中的成本效益。企业也应考虑在产品定价和成本结构中适当转嫁这些增加的成本，以保持财务稳定和盈利能力。企业还应参与政策制定的讨论和评估，以影响未来的碳定价和贸易政策，确保这些政策既有效推动减碳目标，又为企业的经营提供可行的条件和充足的适应时间。通过这些努力，企业可以更好地应对由全球碳定价和贸易机制引入的财务风险，同时为低碳经济过渡作出贡献。

3.2 责任风险

3.2.1 诉讼风险增加

随着全球环保意识的提高和气候变化问题的日益突出，企业面临的环境相关诉讼风险显著增加。根据美国律师协会的数据，2021 年美国与气候变化相关的诉讼数量达到了创纪录的 1841 件，比 2020 年增加了 12%，这些诉讼主要集中在化石燃料、电力和交通等高碳排放行业，由此反映出公众对企业环境责任的更高期望。气候相关诉讼案件变化如表 3-1 所示。

表 3–1　气候相关诉讼案件变化

年份	气候变化相关诉讼数量（美国）/ 件
2017	1023
2018	1203
2019	1444
2020	1642
2021	1841

这些诉讼不仅来自政府监管机构，还来自民间环保组织和受影响社区。以德国能源巨头 RWE 公司为例，2021 年秘鲁一个农业社区起诉 RWE 公司，指控其作为温室气体排放大户之一，应对当地冰川融化和洪水灾害承担部分责任，并要求其承担适应成本。虽然这一案件最终以原告撤诉告终，但它凸显出企业在气候变化问题上面临的法律挑战。为应对日益增加的诉讼风险，企业首先需要先加强环境合规性管理，这意味着企业不仅要遵守当地的环保法规，还要主动制定更高的环境标准。例如，苹果公司承诺到 2030 年实现全供应链碳中和，并开始要求供应商使用 100% 可再生电力。通过提高环境标准企业可以降低违规风险，赢得公众信任。

企业需要加强与利益相关方的沟通合作，与环保组织和社区建立良性关系，主动参与环保项目，以提升企业的社会声誉，减少诉讼风险。例如，可口可乐公司与世界自然基金会合作，在全球范围内开展水资源保护项目，这一举措不仅改善了当地水环境，还提升了企业形象。合理运用保险和风险管理工具也十分必要，虽然投保环境责任险可以转移部分诉讼风险，但更重要的是通过风险评估和应急预案，将环境风险控制在最低水平。在全球环保压力不断增大的背景下，企业面临着更高的诉讼风险，通过加强合规管理、利益相关方合作以及风险管理，企业可以更好地应对这一挑战，实现长期可持续发展。

3.2.2 非合规的法律后果

在全球范围内，环境保护法规日益严格，企业面临的非合规法律后果愈发严重。各国政府通过立法和加强执法力度，旨在遏制环境污染，推动可持续发展。违反这些规定的企业不仅面临高额罚款，还将被勒令停产整顿，甚至承担刑事责任。以美国为例，美国环境保护署（U.S. Environmental Protection Agency，EPA）通过《清洁空气法》和《清洁水法》等法规对企业实施严格监管。2022 年，EPA 对违反环境法规的企业共处以超过 1.5 亿美元的罚款，并要求投资近 20 亿美元用于污染控制。特别是，2022 年修订版的《清洁空气法》加大了对违规企业的处罚力度，对于持续违规的企业，每天最高可处以 97229 美元的罚款。欧盟方面，2023 年 10 月试运行的《欧盟碳边境调节机制》（CBAM）决定对进口高碳排放产品征收额外关税，过渡期至 2025 年年底，2026 年正式起征。这不仅将影响欧盟内部企业，还将对全球贸易产生深远影响。此外，欧盟的《一般数据保护条例》（GDPR）虽主要针对数据保护，但其中也包含了与环境信息披露相关的条款，违规企业可能面临高达 2000 万欧元或全球年营业额 4% 的罚款。

在亚洲，中国在 2021 年修订的《中华人民共和国刑法修正案（十一）》中，进一步加大了对环境犯罪的惩处力度，将“恶意排污”等行为纳入刑事处罚范畴。对于造成严重环境污染的行为，最高可判处 7 年有期徒刑。日本也在 2021 年修订了《大气污染防治法》，加强了对石棉等有害物质排放的管控，违规企业最高可被处以 1 亿日元罚款，相关责任人可处 1 年以下有期徒刑。

加拿大在 2022 年修订的《环境保护法》中规定，严重违法者最高可处以 1200 万加元罚款或监禁 5 年。澳大利亚 2021 年修订的《环境保护和生物多样性保护法》则将最高罚款提高到 1100 万澳元。这些法规的变化反映了全球对环境问题的日益关注，也对企业的经营策略和风险管理提出了更高要求。全球主要国家和地区近期环境法规及处罚措施概览如表 3-2 所示。

表 3-2 全球主要国家和地区近期环境法规及处罚措施概览

国家 / 地区	法规名称	颁布 / 修订年份	主要处罚措施
中国	环境保护法	2014 修订	最高 100 万元人民币罚款，可责令停业关闭
中国	刑法修正案（十一）	2021 修订	最高 7 年有期徒刑（针对严重环境污染行为）
美国	清洁空气法	2022 修订	最高每天达 97229 美元的罚款
欧盟	碳边境调节机制	2023 实施	对高碳排放进口产品征收额外关税
欧盟	一般数据保护条例	2018 实施	最高 2000 万欧元或全球年营业额 4% 的罚款
日本	大气污染防治法	2021 修订	最高 1 亿日元罚款，可处 1 年以下有期徒刑
加拿大	环境保护法	2022 修订	最高可处以 1200 万加元罚款或监禁 5 年
澳大利亚	环境保护和生物多样性保护法	2021 修订	最高可处以 1100 万澳元罚款

面对这些日益严格的法规，企业必须采取积极措施以确保合规。首先，建立健全的环境管理体系至关重要，包括定期进行环境风险评估和合规审核，及时识别和解决潜在的环境问题。此外，企业应该设立专门的环境合规团队，负责跟踪最新的法规变化，并确保公司的运营始终符合相关要求。其次，企业应该积极投资清洁生产技术和污染控制设施，从源头上减少污染物排放，降低环境风险，提高生产效率，实现经济效益和环境效益的双赢。此外，加强员工的环保培训和增强整体环境意识也是关键。企业应该定期组织环境法规培训，确保从管理层到一线员工都充分了解环境合规的重要性及具体要求。企业还应主动披露环境信息，提高运营透明度，定期发布环境报告，公开环境管理目标和成果。这不仅符合监管要求，还能赢得公众信任和提升品牌形象。最后，与监管机构保持良好沟通也很重要，主动与环保部门沟通，及时报告环境数据，甚至在出现问题时主动上报，都可以帮助企业在面对潜在环境问题时建立良好的信誉，并获得更多理解和支持。

总的来说，随着全球环境法规的不断完善和执法力度的加强，企业必须将环境合规作为核心经营策略之一。通过全面的环境管理、技术创新、员工培训和信息透明，企业不仅可以避免法律风险，还能在可持续发展的道路上赢得竞争优势，实现长期稳健发展。

3.2.3 投资者和股东的期望

在全球气候变化议题日益受到重视的情况下，投资者和股东对企业在环保行动上的要求也在持续增加。他们期望企业不仅要在财务表现上出色，还要在气候变化问题上采取积极的措施，包括实施透明的气候风险管理策略和采取具体行动减少对环境的影响。投资者和股东要求企业在其年度报告和其他公开声明中提供详细的气候相关信息，这些信息通常涵盖企业的碳足迹、使用可再生能源比例，以及减少环境影响的具体措施，他们也期望企业能够公开其对气候变化带来的财务风险的评估，以及企业如何应对这些风险的策略。

随着 ESG 投资准则的普及，企业的环境表现已成为投资决策的一个重要因素，那些对气候变化有良好应对措施的公司，会吸引更多寻求可持续投资的投资者。相反，忽视这些问题的企业会在融资渠道上面临障碍，因为越来越多的投资基金和资本正在排除那些环境表现不佳的企业。为了满足这些增长的期望，企业需要采取多方面的措施，如建立或完善气候风险管理框架，确保可以系统地识别、评估和管理与气候变化相关的各种风险，这包括加强内部数据收集和分析能力，以便更准确地计算碳足迹和评估减排策略的效果。

企业应加强与股东和投资者的沟通，定期更新他们关于企业在气候变化方面的进展信息，这不仅包括成功案例，也应包括面临的挑战以及如何应对这些挑战的策略，透明和开放的沟通可以增强投资者的信任，帮助他们了解企业在气候变化问题上的真实表现和承诺。

企业应积极探索和采用新技术或方法来减少其环境影响，包括投资清洁能源项目和改进能源效率或采用环境友好的原材料和生产工艺，通过这些实际行动，企业不仅能减少对环境的影响，还能在激烈的市场竞争中脱颖而出，成为行业的领导者。随着投资者和股东对企业在气候变化问题上的期望不断提高，企业必须通过增强气候风险管理和改善环境表现并与投资者保持开放性沟通，增强其市场竞争力和吸引力，这不仅是企业社会责任的体现，还是确保企业长期成功和可持续发展的关键。

3.2.4 环境责任的监管压力

随着全球对气候变化问题的关注不断增强，政府和国际组织正在加强对企业环境行为的监管。这种监管压力要求企业不仅要遵守现有的环境法规，还要不断改进自己的环境绩效，以避免可能的法规制裁和公众信任的损失。在这种情况下，企业面临的监管压力表现在多个方面，如果法规遵从的要求更加严格，监管机构对企业环保措施和污染排放标准的执行情况进行更为频繁的检查和审查，不能严格遵守法规的企业将会面临高额的罚款、业务运营限制乃至牌照吊销等严厉后果。

随着环保法规的不断更新和完善，企业必须持续更新其环境管理系统以符合最新的环保标准和要求，这需要企业投入较大的财力和人力，进行技术升级和流程改进。例如，引入先进的废水处理设施和减少有害排放的新技术，或者采用更环保的原料和生产工艺。企业的环境绩效开始受到公众和媒体的关注，社会舆论的压力会迫使企业采取更积极的环保措施，否则会影响企业的品牌形象和消费者信任，从而影响市场表现和销售收入。在这种背景下，企业需要主动与公众沟通，公开其环保政策和实施成效以建立和维护良好的企业形象。

为了有效应对这种监管压力，企业需要建立一个全面且透明的环境管理体系，包括设定清晰的环境目标，实施严格的内部监控和审计程序以确保所有操作都符合法律要求与企业的环保政策。企业还应该加大对员工的环保培训，确保员工了解和掌握必要的环保知识与技能，从而在日常工作中实施环保措施。企业还可以通过参与国际环保倡议和标准，如 ISO14001 等环境管理标准体系的认证，来提高其环境管理水平，这不仅有助于提升企业的国际形象，还能在全球范围内提高其竞争力。随着环境责任的监管压力日益增大，企业必须采取积极措施遵守法规并提升环境绩效，通过建立强有力的环境管理体系以及与公众保持开放性沟通，企业才可以有效应对监管压力，避免法规制裁的风险并在公众中建立起良好的企业形象，这样不仅有助于企业符合监管要求，还是能够实现长期可持续发展的关键。

3.2.5 信息披露和透明度要求

企业在环境信息披露方面面临日益严格的要求，这些要求不仅涉及碳排放数据的公开，还包括对企业的气候风险评估和应对策略的详细披露。企业的信息透明度是评估其可持续性和吸引投资者的重要指标之一，碳排放数据的准确和详细披露已成为企业社会责任报告的核心部分。这些数据提供了企业对环境影响的直接指标，帮助投资者和监管机构评估企业的环境绩效，若缺乏透明的碳排放信息会导致企业面临投资者信任缺失，甚至引发媒体的负面报道，影响企业的市场价值和融资能力。

气候风险评估的披露同样重要，包括企业如何识别和管理与气候变化相关的潜在风险。例如，由极端天气事件或政策变动引发的经济影响，而透明的风险评估不仅能提升企业管理层的信誉，还能展示企业对未来潜在挑战的准备程度，从而提高投资者和合作伙伴的信心。企业的应对策略及其执行细节的披露对于建立企业的公信力至关重要，投资者越来越希望了解企业是如何通过操作和战略调整来减少其环境足迹的。有效的策略披露可以帮助企业在竞争中脱颖而出，吸引那些重视可持续发展的投资者和客户。

然而信息披露的不透明可能导致严重后果，企业可能因未能遵守国家或国际上关于环境报告的规定而受到监管处罚，投资者对信息披露的不透明反应可能是撤资，尤其在 ESG 准则成为投资决策重要参考的今天，为了满足这些透明度要求，企业应当投资建立或升级其数据收集和分析系统，确保披露信息的准确性和时效性。企业还应该加强与利益相关者的沟通，定期举行说明会，发布进展报告，通过网站和社交媒体平台更新其环保活动的最新动态。通过这些措施，企业不仅可以有效应对日益严格的信息披露和透明度要求，还可以通过展示其对气候责任的承诺来增强品牌价值和市场竞争力，这种主动透明的做法有助于构建企业与公众的信任关系。

3.3 声誉风险

3.3.1 公众意识和预期的变化

随着气候变化问题逐渐成为全球关注的焦点，公众对企业在环保方面的责任和行动有了更高的期望，使得企业的环保措施和政策变得尤为重要。如果企业未能展示其对环保的承诺或未能实施有效的气候变化对策，可能导致公众支持减少，甚至面临声誉风险。在当前环境中，消费者和投资者甚至求职者都在不断寻找那些显示出强烈环保责任感的企业，这种趋势促使企业必须在其业务策略中整合环保措施，不仅是遵守法律的需要，更是为了维护和提升其市场地位。

企业需要通过明确的环境政策和具体的可持续发展目标来展示其对环保的承诺，包括减少温室气体排放、使用可再生能源、减少废物产生和实施回收程序等。通过这些措施，企业不仅能够减轻其对环境的影响，还能在公众和市场中树立积极的形象。企业应该加强与消费者的沟通，通过持续的营销活动和社交媒体更新，分享其环保成就和未来的环保目标，积极沟通有助于建立消费者的信任，增强品牌的忠诚度。企业还需要对外公开其环保措施的具体成效，包括节能减排的具体数据和独立审核结果，这种数据的透明披露可以进一步增强企业在投资者和合作伙伴中的可信度，吸引那些重视企业社会责任的外部资金。

然而，如果企业未能有效应对这种公众意识的转变，或者其环保措施被视为不充分或表面化，就可能遭到批评和消费者的背离。在一些极端情况下，这种负面影响甚至可能引发抵制行动，造成直接的经济损失和品牌损害。因此，企业应该将环保和气候变化对策作为其核心业务战略的一部分，积极应对公众意识和期望的变化。通过实施有效的环保措施、维护开放的沟通渠道，以及展示真正的环保成果，企业不仅能够保护地球环境，而且能增强自身的市场竞争力，赢得消费者的信任和支持。

3.3.2 环保非政府组织的压力

环保非政府组织（Non-Governmental Organizations，NGOs）在全球范围内活跃，它们通过监督和倡导活动对企业的环境保护行为施加持续的影响。这些组织通过揭露企业不负责任的环境行为，推动公众和监管机构对企业的环境责任提出更高要求，从而驱使企业加强其环保措施。环保 NGOs 运用多种策略对企业施压，包括公开披露企业的环境违规行为、组织公众抗议和与媒体合作提高问题的曝光率，甚至通过法律途径迫使企业改变其操作方式。这些活动不仅提高了公众对环保议题的关注，还迫使企业为避免声誉风险而采取行动。公开披露违规行为是环保 NGOs 常用的策略之一，通过收集数据、编制报告以及与媒体合作，这些组织能够详尽地展示企业的不良环境行为和其潜在的负面影响。这种策略不仅能够吸引公众的注意，增加问题的关注度，还能够在消费者中引起反响，影响企业的市场表现。

组织公众抗议也是一种有效的手段，通过动员社会公众参与到抗议活动中，环保 NGOs 能够向企业展示广泛的社会关注度和对改变的强烈需求。这种直接的公众参与会给企业管理层强烈的压力，还会吸引更多的媒体关注，从而加大对企业的公众舆论压力。一些环保组织还会选择通过法律途径迫使企业采取环保措施，通过对企业提起诉讼，不仅可以试图为环境问题寻求法律上的补救，还可以通过公开法律程序进一步揭露问题并推动行业标准的提高。

面对这种外部压力，企业需要采取积极措施以保护其品牌和市场地位，包括与环保 NGOs 建立对话和合作，理解并回应这些组织的关切点。企业应增强其环保策略的透明度和公信力，如定期发布环保进展报告、实施独立的环境审计并公开其环境影响和改进措施。环保 NGOs 的压力已成为推动企业提高环保标准的重要力量，通过有效地管理与这些组织的关系，以及通过真正的环保行动展示其责任感，企业不仅可以减轻来自环保 NGOs 的压力，还可以在公众中建立起积极的形象，从而在竞争中脱颖而出。

3.3.3 社交媒体上的负面舆论

在数字化和社交媒体高度发达的今天，社会信息的传播速度极快，一条关于企业的负面新闻可以在短时间内传遍全球，对企业的声誉造成严重影响，尤其是关于企业环境不良行为的消息，往往会引起公众和消费者的广泛关注与强烈反应，这种反应会迅速演变为对企业产品或服务的抵制。

企业在环保问题上的任何失误（如被曝光的污染事件、非法排放或是未能达到环保标准）都可能成为社交媒体讨论的焦点，这些讨论会迅速影响企业的品牌形象，损害消费者对企业的信任，最终导致销售下降和市值缩水。为了应对这一风险，企业必须采取多方位的策略，需要在内部建立强大的风险监测和管理系统，确保能够迅速识别并响应可能导致公众关注的环保问题，包括实时监控社交媒体上的品牌提及和讨论，以及设置警报系统及时捕捉可能的负面信息。

企业应当加强与公众的沟通，特别是在遇到环保危机时，通过主动和透明地发布信息来解释情况、承认错误并明确说明采取的改正措施和未来的预防策略，可以在一定程度上挽回公众的信任并减轻负面信息的影响。这种危机沟通策略不仅需要在事发时迅速执行，还应该是持续且一贯地建立公众的长期信任。企业还应积极参与社交媒体上的正面活动，如宣传其环保项目和可持续发展的努力，或是支持环保的公共活动，通过这些积极活动能够改善其在公众中的形象，逐渐成为环保先锋的品牌声誉。

企业还应考虑与有影响力的意见领袖或环保组织合作，通过他们传播企业的环保信息和努力。这些合作可以帮助企业在社交媒体上树立权威的环保形象，同时利用这些影响力抵消可能出现的负面信息。社交媒体上的负面舆论对企业声誉的威胁不容忽视，企业需要通过建立有效的内部监控系统、实施积极的沟通策略、参与正面的社交媒体活动并与外部力量合作，来管理和减轻声誉风险。通过这些综合措施，企业可以避免受到负面信息的影响，同时在公众中树立积极和负责任的形象。

3.3.4“绿色洗钱”的嫌疑

在当前社会，公众期待企业能在环保方面发挥积极作用，因此一些企业采取了美化实际环保行为的方式来吸引消费者和投资者，这种做法被称为“绿色洗钱”。当公众或监管机构发现企业在环保声明中的不实之处时，这种行为会引发广泛的负面反响，不仅损害企业的信誉，还可能引发信任危机和法律后果。

“绿色洗钱”通常涉及对企业产品或服务的环保效益进行夸大宣传，或在没有充分行动的情况下，宣称企业对环保的承诺。这种策略虽然可能在短期内吸引消费者和投资者的关注，但一旦这些虚假声明被揭穿，就会对企业的公信力造成长期的损害，被揭露的“绿色洗钱”行为会直接影响企业与消费者的信任关系。任何与宣传不符的行为都可能导致消费者的强烈不满和失望，从而影响消费者的购买决策。

“绿色洗钱”的指控可能导致投资者对企业的投资价值和未来增长潜力进行重新评估，从而影响股价和投资回报，被揭露的虚假环保行为可能导致企业在融资市场上的机会减少，导致融资成本增加。除了市场和财务上的损失，“绿色洗钱”还可能招致法律后果，许多国家和地区对企业的环保声明与广告实行严格监管，虚假的环保宣传违反消费者保护法和广告法甚至证券法规，会导致高额的罚款、法律诉讼乃至刑事责任。

因此，为了避免因“绿色洗钱”行为而带来的声誉和法律风险，企业需要建立和维护一个真实与透明的环保行为记录，包括确保所有环保宣传都基于实际的数据和行动，建立严格的内部审查机制，确保所有公开信息的准确性并主动公开环保效果的独立验证结果。企业应加强与利益相关者的沟通，定期发布环保进展报告并通过独立的第三方审核加强其环保声明的可信度。通过这些措施，企业不仅能够有效避免“绿色洗钱”的风险，还能在公众和投资者中建立起社会责任感强的品牌形象。

3.3.5 企业品牌价值的波动

企业的环境责任表现成为影响其品牌价值的重要因素，在全球消费者日益增长的环保意识驱动下，企业的环保行为不仅影响着消费者的购买决策，也直接关系到投资者的投资选择。因此，企业在环保方面的积极表现可以显著提升其品牌形象，增强消费者信任；相反，若涉及环境丑闻或不负责任的环保行为，则可能迅速损害其品牌信誉，导致品牌价值急剧下降。积极的环保措施如采用可持续材料、减少生产过程中的碳排放和投资清洁能源项目等，都是提升企业环境责任形象的有效方法，这些措施不仅减少了企业运营对环境的负面影响，还能通过塑造积极的公众形象来吸引那些价值观与环保相符的消费者和合作伙伴。随着越来越多的消费者偏好购买环保产品，这些行为直接转化为企业销售额的增加和市场份额的扩大。

任何负面的环保事件如非法排污、使用有害物质或被曝光的环境违规行为，都可能迅速被公众所知并通过社交媒体和新闻媒体的传播加剧其负面影响。这类事件往往导致消费者信任的丧失，从而引发产品抵制、合作伙伴撤离，甚至是股价下跌。长期而言，这些问题如果处理不当，还可能导致品牌长时间内的价值贬损。为了有效管理环境行为对品牌价值的影响，企业需采取一系列战略措施，包括建立严格的环境管理体系，确保所有企业活动都符合国家及国际环保标准和法律法规。企业应该通过定期的环境绩效审核来监控和评估其环保政策的实施效果，及时调整策略以应对新的环境挑战。

企业还需要通过透明的环境信息披露和主动参与社会活动来建立和维护公众信任。通过发布环境可持续报告、参与公共环保项目以及与环保组织合作，企业不仅能展示其对环境保护的承诺，还能积极影响行业和社会对环保问题的看法。企业的环保行为与其品牌价值密切相关，通过实施有效的环境保护措施和环保行为的透明度，可以增强企业的市场竞争力，同时抵御因环境不良行为可能导致的声誉风险。

3.3.6 客户和合作伙伴的信任下降

企业在环保领域的表现日益成为其与商业客户及合作伙伴关系稳定性的关键因素。在全球范围内越来越多的公司重视可持续发展的重要性，因此他们倾向于选择那些环保记录良好的企业作为合作伙伴。如果企业未能展现出良好的环保行为，就可能面临合作关系的解除和潜在合作伙伴的流失。当企业展示出积极的环保行为，如有效减少排放、实施资源节约措施和投资可持续技术等，这些行为可以增强现有客户的信任，还能吸引新的合作伙伴。这些措施表明企业承担起了环境责任，愿意为减轻全球气候变化贡献力量，特别是那些高度依赖自然资源和对环境影响敏感的行业如制造业、能源和运输业，企业的环保措施尤为关键。

反之，如果企业的环保表现不佳或曾涉及环境丑闻，如违反环境法规和造成严重污染等，这些会直接影响企业的公众形象，还会使合作伙伴重新评估他们的商业关系。合作伙伴可能担心自身品牌与一个环保表现不良的企业关联会引发负面影响，从而选择终止或不再续签合作协议，这种情况还可能使企业难以符合行业标准或客户的可持续性要求，进一步影响企业的市场竞争力。因此，为了维持和拓展与商业客户及合作伙伴的关系，企业必须采取一系列具体且有效的措施，包括建立严格的环境管理体系，确保所有操作过程符合甚至超过法规要求，此外，企业还应通过第三方验证其环保行为以增加其声明的可信度。

企业最好通过定期发布环保进展报告、参与公开的环保活动以及主动寻求行业内的环保合作，公开展示其在环保方面的承诺和成果。这些行为不仅能够提高企业在现有和潜在合作伙伴中的信誉，还有助于在市场中树立企业作为环保领导者的形象。企业的环保表现是影响其与商业客户及合作伙伴关系的关键因素，通过持续改进环保措施并积极展示这些努力，可以增强企业与合作伙伴的信任，拓展商业机会，同时减少因环保问题引起的潜在声誉风险。

第 4 章 行业特定的气候风险

4.1 能源行业

4.1.1 对化石燃料依赖的风险

全球气候行动已进入关键期，能源行业尤其是那些以化石燃料为主要能源来源的公司面临严峻挑战。长期以来，这些企业的经营模式建立在碳密集型能源供给之上（如煤炭、石油和天然气），随着全球为应对气候变化而推动的能源转型，传统能源的市场地位受到前所未有的威胁。

化石燃料行业的风险主要来自两个方面：市场需求的转变和政策法规的压力。随着可再生能源成本的持续下降，如太阳能和风能等成为更具竞争力的选择，预计传统化石燃料的需求将逐渐减少。以太阳能发电为例，国际可再生能源署（International Renewable Energy Agency，IRENA）的数据显示，2010 年至 2023 年全球太阳能发电的平准化度电成本（Levelized Cost of Energy，LCOE）大幅下降，降幅高达 85%。太阳能光伏度电成本变化如表 4-1 所示。

表 4–1　太阳能光伏度电成本变化

年份	太阳能光伏发电 LCOE/（元 /kW · h）
2010	2.42
2011	2.06

（续表）

年份	太阳能光伏发电 LCOE/（元 /kW · h）
2012	1.65
2013	1.30
2014	1.12
2015	0.90
2016	0.77
2017	0.63
2018	0.54
2019	0.44
2020	0.41
2021	0.39
2022	0.37
2023	0.35

随着太阳能发电成本的持续下降，其已比煤炭或天然气发电更具成本效益，这种成本优势的转变促使能源消费者从传统化石燃料向更清洁的能源转移。

全球范围内对减少碳排放的政策压力持续升温，多国政府开始实施严格的碳排放法规，并设置了渐进式的碳中和目标，这些政策不仅提高了化石燃料产业的运营成本，还限制了其市场扩展的潜力。例如，碳税和排放交易制度使碳密集型的能源产业在经济上受到惩罚，促使资本投资流向更低碳的技术和项目。

在这种背景下，依赖化石燃料的能源企业面临资产贬值的严重风险，这种贬值主要是因为未来这些资产的利用率显著下降。随着可再生能源设施的扩建和效率提高，传统的化石燃料发电站和炼油厂无法维持其经济价值，进而在财务报表中表现为重大的资产减值。

投资者和金融市场对于化石燃料的风险敏感性显著提高，ESG 标准的推广使更多投资者在投资决策中考虑气候变化因素。化石燃料项目因其高碳特性而被视为风险较高的投资，导致这些项目的融资成本上升，投资额下降。此类现象已在全球范围内的投资趋势中显现，许多大型投资基金已公开宣布减少或停止对化石燃料项目的投资。

面对这种市场和政策环境的变化，能源公司必须调整商业模式和战略布局。一方面是对现有化石燃料资产的优化管理，如通过提高效率减少碳排放以符合越来越严格的环境法规；另一方面需要积极探索和扩展可再生能源领域，通过多元化战略减少对单一能源的依赖，从而降低未来市场和政策变动带来的风险。

化石燃料行业未来的发展，将在很大程度上取决于对新兴能源技术的适应能力及其在全球能源市场中的重新定位，这需要能源企业关注当前的经营挑战，更要前瞻性地规划未来可能的市场转变。能否顺应能源转型大势，将决定化石燃料企业未来的生存和发展空间。

4.1.2 可再生能源的发展机会

随着全球对气候变化的应对措施愈发强烈，可再生能源领域显现出前所未有的增长潜力。风能和太阳能等清洁能源技术因其环境友好特性，在过去几年中得到了快速发展和广泛应用，这些能源技术商业化进程加速，开始在能源产业中占据越来越重要的位置。

对于传统能源行业而言，转向可再生能源不仅是应对环境压力的一种方式，还是开拓未来市场的重要策略，中国政府对可再生能源项目的支持政策为此类项目的发展提供了强有力的保障。可再生能源发展政策举措如表 4-2 所示。

表 4-2 可再生能源发展政策举措

政策名称	政策内容
可再生能源电价附加补贴	对太阳能、风能和生物质能等可再生能源发电项目，按照标杆电价给予补贴，弥补其与燃煤发电的成本差距
可再生能源配额制	要求各省份的电力公司在其电力供应中包含一定比例的可再生能源，创造了稳定的市场需求。2023 年，国家能源局发布的方案要求到 2030 年非化石能源消费比重达到 25% 左右
绿色电力证书交易	允许可再生能源发电商出售绿色电力证书，为其创造额外收益，提高项目经济性
税收优惠	对符合条件的可再生能源项目免征增值税和企业所得税等，降低项目运营成本

这些政策减少了可再生能源项目的初期成本，提高了投资的吸引力。

在中国，风能和太阳能发电已成为仅次于煤电和水电的第三、第四大电源。国家能源局数据显示，2022 年风电新增装机容量 37.63 吉瓦，累计装机容量约

370 吉瓦；太阳能发电新增装机容量 87.41 吉瓦，累计装机容量约 392 吉瓦。风电和光伏发电的技术进步与成本下降使其具备和传统能源竞争的实力。其他可再生能源形式如生物质能和地热能等也得到了一定程度的发展，但受限于资源禀赋和技术成熟度，其规模相对较小，不过这些技术的多样性和区域适应性为能源系统的稳定与可持续提供了补充。

能源转型不仅涉及技术层面，还需要市场机制和政策法规的配套。为适应可再生能源的特点，电力市场改革不断深化，电力现货市场建设稳步推进，为新能源优先上网和参与市场交易创造条件，电网企业也加大投资建设特高压输电通道和抽水蓄能电站，提高电网对高比例新能源的消纳和调节能力。面对可再生能源的迅猛发展，能源企业需要调整发展战略，加大对风电和光伏等项目的投资力度，国家能源集团、华能集团和大唐集团等传统发电央企近年来纷纷提出加快绿色低碳转型，到 2025 年力争非化石能源装机比重达到 50% 以上，民营企业和外资企业也积极布局，成为推动行业发展的重要力量。

可再生能源的发展既是企业履行社会责任的体现，又是顺应能源革命大势和增强市场竞争力的必由之路。未来可再生能源有望持续保持高速增长，不断提高在能源供应中的比重，最终实现对化石能源的替代。这一转型过程为能源企业带来了广阔的发展空间，但也对其经营模式、技术能力和创新意识提出了更高的要求。能源行业正处于革命性变革的关键期，企业只有立足长远，把握先机，才能在未来能源竞争中赢得主动权。持续关注可再生能源的技术创新和产业进展，深度参与能源转型实践，将是每一家能源企业必须认真考虑的战略议题。

4.1.3 政策变动与合规成本

气候政策的不断演变对能源行业产生了深远的影响，尤其是碳税的实施和更加严格的排放标准等政策，对能源生产和消费模式提出了新要求，这些变化直接影响了能源公司的经营成本，对其财务状况构成了额外的压力。

碳税作为一种经济手段，旨在通过对排放碳的活动征税来减少温室气体的排放，此举使碳密集型的能源生产方式成本上升，促使企业寻找更加清洁和效率更高的生产技术。这种政策工具的目的在于通过市场机制激励企业减少对环境的负面影响，同时为政府提供资金以支持环境保护和气候变化适应项目。排放标准的严格化要求能源生产单位减少对环境的污染，如电力行业面临的新排放规定可能包括对二氧化硫、氮氧化物和颗粒物的限制，迫使电站采用先进的污染控制技术，这些技术虽能有效减少排放，但也意味着需要在现有设施上进行昂贵的技术改造或更新。

针对这些政策造成的直接成本增加，能源企业必须采取多种应对措施：一种策略是通过优化运营流程来提升能效，如改进燃料使用效率、采用先进的能量管理系统，在减少能源消耗的同时，还可以降低运营成本；另一种策略是投资清洁能源技术，如风能、太阳能和生物质能，通过增加可再生能源在能源组合中的比重，公司能够减少对化石燃料的依赖，从而降低碳税的财务影响，这种转变还可以提高企业形象和品牌价值，吸引对环保有高度认识的消费者和投资者。

在这一过程中，企业需要对员工进行培训和技能提升，以确保团队能够有效地运用新技术和遵守更新的环保规定。企业还需要加强与政府机构的沟通，积极参与政策的讨论和制定过程，确保行业的声音被听见，同时对政策变动做出快速响应。气候政策的变动给能源行业带来了不小的挑战，但也为企业提供了改进和创新的机会，激励企业寻求更高效和更环保的运营方式，在可持续发展的市场环境中保持竞争力。

4.1.4 物理风险对能源基础设施的影响

极端天气事件的频繁发生对能源基础设施构成了严峻的挑战，风暴、洪水和海平面上升等自然灾害的影响，使能源供应的连续性和稳定性面临风险。能源企业需要在基础设施的设计、建设和维护中加入额外的防护措施，以确保能源的可靠供应。

风暴可能对电网系统造成重大破坏，如飓风和强风可能导致输电塔倒塌或电线断裂，此类事件不仅需要紧急修复，还会造成大面积的电力中断，影响居民的正常生活和企业的正常运作。对此，电网公司需提高输电塔和线路的建设标准，使用能够承受更高风速的材料和设计。洪水同样对能源基础设施构成威胁，尤其是地势较低的输电设施和变电站，水灾不仅可能导致电力设施短路，还可能引起更长时间的停工，直至水退并完成设备检修。因此规划时，需考虑潜在的洪水风险如通过提高建筑基座的高度，以及在容易发生洪水地区采用防水材料和技术。

海平面上升对沿海地区的能源基础设施尤为危险，不仅影响电力设施，还可能对油气设施产生破坏，如炼油厂和天然气处理设施，提升这些设施的抗洪防潮能力是确保能源供应安全的重要措施。例如，沿海地区的能源设施可以设计更高的防波堤，以及在建筑规划中增加更为严格的防洪措施，除了物理上的加固，能源公司还需采取技术上的创新，如实施更先进的监控系统和自动化技术。这些技术可以在极端天气来袭时迅速识别潜在的损害点，及时调整运营策略或启动紧急响应程序，如通过安装高精度的天气监测设备和实施动态的数据分析，能够预警潜在的灾害影响，采取预防措施，减少损失。

建立弹性的能源系统也是应对这些物理风险的关键，多样化的能源供应链和能源类型，可以在某一地区的基础设施受损时，通过其他路径或来源保障能源供应。发展分布式能源资源（如小型风电、太阳能光伏系统和微网技术），能够在大规模基础设施遭受打击时，提供局部的能源支持，从而增加系统的整体稳定性。随着极端天气事件的增多，能源基础设施的抗灾能力成为确保能源安全供应的关键。通过加强基础建设、采用先进技术和多元化能源策略，能源企业可以有效管理这些物理风险，保障企业和社会的长远利益。

4.1.5 能源价格波动的财务影响

在当前全球能源市场中，化石燃料需求减少的趋势已经显现，这一转变部分受到气候变化政策和市场对可再生能源偏好的影响。随着这些变化，能源价格的波动变得更为明显，对从事能源业务的公司产生了深远的财务影响。化石燃料尤其是石油和天然气，长期以来一直是全球能源市场的主导资源，然而全球对于减少温室气体排放的共识加强以及可再生能源技术的进步和成本降低，已经逐渐改变了这一格局。政府对可再生能源项目的支持，包括税收优惠、补贴以及对化石燃料产业的严格规制，进一步推动了能源市场向可再生能源的转移。

这种转变导致化石燃料需求的下降，尤其在一些主要经济体中，这些地区开始大力投资可再生能源，致使需求减少，直接影响了化石燃料价格，使其波动加大。表 4-3 中是一些具体的数据。

表 4–3　能源主要品种价格波动范围（2014—2022 年）

能源类型	价格波动范围	时间段 / 年
原油	\$30~\$80/ 桶	2014—2022
天然气	\$2~\$6/ 百万英热单位	2014—2022
煤炭	\$50~\$120/ 吨	2014—2022

这种价格波动性不仅影响能源公司的收入流，还增加了财务规划的不确定性，影响公司的长期投资决策。

能源价格波动的影响不局限于单一领域，例如，石油价格的下跌可能降低石油开采企业的利润，进而影响从事相关业务的服务公司和供应链企业。相对地，电力公司可能会受益于成本较低的燃料，但如果这些公司依赖于燃煤发电，那么在碳排放政策趋严的背景下，其业务仍可能面临较大压力。能源价格波动对投资者信心也有重大影响，当能源价格低迷时，投资者会对能源行业的盈利前景持谨慎态度，导致资本投入减少，这对需要前期资本大量投入的能源开发项目尤为不利，这种资金的减少又进一步加剧了行业的经济压力，形成了一个负面循环。

面对这种不稳定的价格环境，能源公司需要采取多项策略来减轻其影响。多元化能源组合可以作为一种缓解策略，通过投资风能、太阳能及其他可再生能源项目，公司不仅可以减少对任何单一能源类型的依赖，还可以在政策支持下利用这些能源项目获取潜在的经济利益。对冲策略在管理价格风险方面也发挥着重要作用，通过金融工具如期货和期权，能源公司可以锁定资源价格，减少市场波动对业务的影响，提高运营效率，降低成本，这也是确保价格波动时保持竞争力的关键。能源价格的波动已经成为能源行业不可忽视的财务风险，为了应对这一挑战，能源公司不仅需要优化自身的能源组合和提升效率，还需要积极参与到新的市场和技术发展中，以保证在未来能源市场中实现可持续发展。只有审时度势，及时调整战略，能源企业才能在波动的市场环境中稳健前行，实现长期价值的增长。

4.1.6 投资与市场需求的变化

全球市场对减少碳足迹的需求不断增加，导致投资趋势从依赖化石燃料的传统能源向可再生能源转移。面对这一变化，能源公司正在重新评估和调整其投资策略，以确保能抓住新兴市场的机会并保持行业竞争力。环保意识的提高与政策倾向的变化是促使投资者和能源生产者从化石燃料转向可再生资源的重要原因。随着全球气候变化议题的紧迫性日益加剧，政府和私人部门都在寻求减少对环境的影响，这导致了其对风能、太阳能、水能和其他可再生资源的投资显著增加。

这种投资趋势的转变不仅受到环保政策的驱动，还受到技术进步和消费者偏好变化的影响。可再生能源技术的成本持续下降，使这些技术在许多市场中成为经济上可行的选择。例如，太阳能和风能设备的成本在过去十年中显著降低，这些能源来源更具吸引力，面对这些变化，能源公司正在采取策略以适应市场需求，包括加大对可再生能源项目的资本投入，以及开发与这些技术相配套的存储和传输解决方案。一些公司还在寻求通过合作伙伴关系或收购快速进入可再生能源市场，以充分利用现有的技术和市场知识。

随着公众对可再生能源需求的增加，能源公司也面临着资金配置的挑战。他们需要评估哪些项目最有可能实现良好的回报，并决定如何分配有限的资源以实现最大化投资回报。这通常涉及对现有投资组合的重新评估以及对潜在项目的风险和收益的仔细分析。市场对可再生能源需求增加也改变了能源公司的业务模式，传统能源公司可能需要转型，以更多地涉足可再生能源领域，包括建设或升级设施和培训员工以适应新技术，以及调整公司的市场定位和品牌战略。

鉴于此，能源公司必须关注持续变化的政策环境，因为这直接影响投资决策和市场机会。例如，一些国家可能提供补贴或税收优惠以促进可再生能源的开发，了解这些政策并将其纳入战略规划是确保成功的关键。随着全球市场对减少碳足迹的需求不断增加，能源公司必须不断调整其投资策略以应对市场需求的变化，包括资金的重新配置、模式的转变和对新技术的适应，通过这些方式，能源公司可以确保在不断变化的能源市场中抓住新兴市场的机会，并保持竞争力。

4.2 金融服务业

4.2.1 资产与投资组合的气候敏感性

金融服务业正面临着气候变化带来的显著挑战，尤其在资产和投资组合管理方面，由于气候变化的影响越来越明显，诸如极端天气事件和自然资源变化等因素已经开始影响投资安全和回报，因此金融机构现在不得不对其资产和投资组合的气候敏感性进行细致的评估和管理。

评估资产和投资组合的气候敏感性涉及识别那些可能由于气候变化而受到不利影响的投资，如位于洪水易发区域的房地产项目，其价值和收益潜力可能会因为增加的洪水风险而受到影响。此外，那些高度依赖特定自然资源的行业如农业和渔业，其未来表现也可能因为气候变化而面临不确定性。对此，金融机构需要通过采用先进的数据分析和风险评估工具增强其风险管理能力，通过集成气象数据、地理信息系统（Geographic Information System，GIS）技术和气候模型，金融服务提供者可以更准确地预测哪些资产可能因气候相关的风险而受到负面影响，这种分析可以帮助机构调整其资产配置，减少那些高风险地区或行业的投资比例。

除了评估现有投资的风险，金融服务业还需探索新的投资机会，这些投资应对气候变化具有较高韧性。例如，投资绿色建筑或可持续城市发展项目，通常设计有高效的能源系统和改良的水管理设施，可以更好地适应气候变化带来的挑战。金融机构同样需要考虑其客户的气候风险敞口，为客户提供关于如何通过保险和其他风险缓解措施来保护其资产的咨询，该方法可以增强客户的信任和机构的声誉，通过提供针对气候变化风险的专门金融产品和服务金融机构，不仅能帮助客户管理风险，还能开拓新的收入来源。

随着全球对气候变化应对措施的增强，投资可再生能源项目和其他环保倡议成为金融机构的一个重要方向，这些投资符合可持续发展的全球趋势，且能在很长一段时期内提供稳定的回报。金融机构通过支持这些项目，展示了其社会责任感，还可能因此获得政策倾斜和税收优惠。气候变化为金融服务业带来了一系列的风险和机遇，通过积极评估和管理资产以及投资组合的气候敏感性，并探索适应气候变化的新投资机会，金融机构可以更好地为未来的市场变化做好准备，这需要机构内部的技术和策略调整，也需要与客户、政府以及环保组织等外部利益相关者的密切合作。

4.2.2 气候相关金融产品的创新

随着全球对可持续投资需求的上升，金融服务业正在积极创新，推出一系列与气候变化相关的金融产品。这些产品旨在通过引导资金流向环境友好型项目和企业，支持全球的环保活动，同时为投资者提供财务回报。在这一系列的金融产品中，绿色债券已经成为市场上颇为流行的工具。绿色债券使资本市场的参与者能够直接投资各种环保项目，如可再生能源开发、绿色建筑的建设以及清洁交通系统的推广，这些债券的发行为环境项目提供了必要的资金，同时为投资者提供了通过固定收益投资支持环境可持续发展的途径。除了绿色债券，金融市场上还出现了与气候变化直接相关的衍生工具，这类工具通常用于管理和对冲与气候相关的风险，如温度异常或降雨量的不确定性。这些与气候相关的衍生产品，为农业生产者、保险公司以及其他受气候变化影响较大的行业提供了风险管理的新方式。

碳信贷交易则是另一种创新的金融产品，它允许公司达到减排目标的通过出售碳排放权获得收益，这种交易机制鼓励了企业减少温室气体排放，并为低碳技术的研发和应用提供了资金支持，碳信贷市场的发展为与气候相关的金融产品创新提供了广阔的空间，并帮助形成了一个激励减排和技术创新的经济环境，为了适应这些金融产品的发展，金融服务业还必须创新相关的服务和解决方案，这包括为投资者提供准确的市场分析、风险评估以及关于环境、社会和公司治理（ESG）标准的顾问服务，通过这些服务，金融机构不仅帮助客户理解和把握投资机会，也推动了市场对可持续金融产品的认可和接受。

随着技术的发展和数据获取能力的提高，金融服务机构可以更好地评估与气候相关的金融产品的表现和影响，这种能力的提升使金融服务业能够更加精确地设计产品，更有效地满足市场的需求。创新金融服务业不仅为全球的气候行动提供了强有力的支持，还为投资者开辟了新的投资渠道。这些金融产品和服务的发展展示了金融服务业应对气候变化的积极作用，同时也证明了这些产品的广阔前景。在未来，随着气候科学的进步和市场需求的进一步增长，可以预见，与气候变化相关的金融产品将继续演化和扩展，成为金融市场中不可或缺的一部分。全球气候金融产品研究状况如图 4-1 所示。

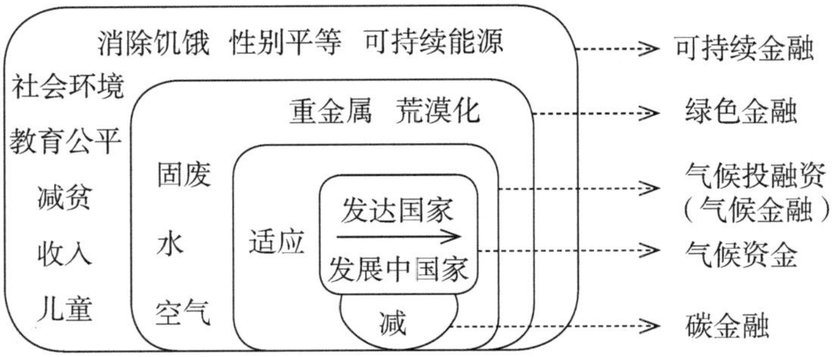

图 4-1 全球气候金融产品研究状况

4.2.3 绿色金融与可持续投资的增长

绿色金融和可持续投资领域近年来经历了显著增长。金融机构将更多资源投入那些能够促进环境可持续性和承担社会责任的项目与公司中。这种转变不仅响应了全球气候行动的呼声，还反映了市场和投资者对绿色和可持续解决方案日益增长的需求。金融机构在推动这一转变的过程中扮演了核心角色，通过发行绿色债券、提供绿色贷款和设立绿色投资基金等方式，这些机构为可持续项目提供了必要的资金。从可再生能源发电到节能建筑的建设，从清洁交通解决方案到水资源管理项目，这些项目不仅有助于减少碳排放，还支持了生态系统保护和资源的有效利用。

随着越来越多的公司和个人投资者意识到可持续投资的长期价值，市场对这类投资的需求显著增长。投资环境友好型项目不仅可以带来竞争性的财务回报，还能在社会责任和企业道德方面展现承诺，因此可持续投资已经成为众多投资组合中不可或缺的一部分。为了更好地服务于这一趋势，金融服务机构正在开发新的工具和指标来评估投资环境和社会影响，包括 ESG 标准的进一步完善，这些标准帮助投资者了解其资金如何被用于支持可持续发展目标。通过这种方式金融机构不仅提供了资金，还通过提供数据和透明度来提升投资决策的科学性、责任感。

国际合作在绿色金融和可持续投资领域也显示出增长的趋势，多边银行和国际金融机构（如世界银行和国际货币基金组织等），通过提供资金和技术支持鼓励各国发展低碳经济和可持续能源解决方案。这种合作不仅加速了绿色金融产品的创新，还帮助发展中国家加强了在气候变化适应和缓解措施中的能力。金融机构通过这些努力，在全球范围内推动了对绿色和可持续项目的投资，表明了金融服务业对环境保护的承诺，也显示了这些机构在全球经济中的领导角色。通过持续创新和对可持续发展的投资，金融服务业正助力创建一个更加绿色和更加可持续的未来。

4.2.4 财务披露与透明度要求

金融机构正在面临严格的财务披露和透明度要求，监管机构和投资者要求这些机构明确说明其资产和投资组合如何受到气候变化的影响，以及为应对这些风险采取的具体措施。为了响应这些要求，金融机构正在采取多种措施增强其财务报告的翔实性和透明度，包括对其资产和投资组合进行全面的气候风险评估，并在其年度报告和持续披露的文档中公开这些信息，这些信息不仅涉及当前的财务状况，还涉及预测未来潜在影响的模型和方法。例如，金融机构需要评估其持有的房地产投资在未来可能面临的气候变化风险，如海平面上升或极端天气事件的发生频率增加。如果金融机构投资农业或其他自然资源依赖型行业，则需要考虑这些行业可能因气候变化导致的自然资源减少而受到的影响。在满足这些披露要求的过程中，金融机构还需要公开其风险管理策略和实施的具体措施，包括对投资组合进行调整，以减少对高风险资产的依赖，或者增加对那些被认为能够抵御气候变化影响的行业和公司投资，金融机构还可以采取保险和其他风险转移工具管理潜在的财务损失。

透明度的提高还体现在与利益相关者的沟通上。金融机构不仅需要向监管机构报告其气候风险管理的状况，还需要确保投资者、客户及公众都能够访问这些信息。这种开放的信息交流有助于提升机构的公信力，同时使投资者能够作出更为明智的决策。许多金融机构也在积极参与到全球或区域性的倡议中，如支持气候相关财务信息披露工作组（TCFD）的建议，这些倡议旨在统一气候相关的财务披露标准和实践。通过这种参与，金融机构不仅能够在全球范围内推广最佳实践，还能在制定未来标准的过程中发挥作用。随着气候变化问题的日益严峻，金融机构必须提高财务披露和透明度以管理气候风险，并向市场和公众展示其在应对全球气候挑战中的行动和承诺。通过这些措施，金融机构可以避免受到气候变化可能带来的财务风险，也能在推动全球气候行动中发挥领导作用。

4.3 农业

4.3.1 极端天气事件对作物的影响

极端天气事件对农业的影响变得日益严重，特别是洪水、干旱和热浪事件在全球范围内频发，对作物生产造成了直接影响。这些气候事件不仅导致作物产量减少，还影响作物的质量，进而对食品供应的稳定性和食品价格造成了重大影响。洪水导致农田被淹，使作物根部缺氧而死亡或生长不良；洪水还会导致土壤侵蚀，冲走表层肥沃的土壤，使农田的耕种价值下降。受洪水影响的农民可能需要投入更多时间和资金来恢复土地的生产能力，这不仅增加了农业的直接成本，还可能延迟种植周期，影响整个生产季的收成。

干旱则限制了作物获取必需水分的能力，严重时会导致作物全面凋谢。缺水不仅影响作物的生长周期，还会导致作物产量显著下降，作物大小不一，质量降低。长期干旱还会影响土壤的化学性质，如降低土壤中的有机质含量，进一步恶化作物的生长环境。热浪也对农业生产构成威胁，高温能加速作物的生长，导致作物不能在适宜的时间内成熟，影响作物的营养价值和口感。高温还能增加作物病虫害的发生，因为某些病虫害在高温条件下更为活跃。这些由极端天气事件导致的作物生产问题，不仅影响农民的收入，还能引发食品价格波动。当作物产量下降时，市场上的供应量减少，导致食品价格上升，影响消费者的购买力，价格波动增加也会使食品市场更加不稳定，影响食品供应链的各个环节。

极端天气事件还增加了农业保险的需求和成本。农民为了减轻自然灾害的经济影响，越来越依赖于农业保险来分散风险，保险公司通过提高保费覆盖更高的风险，这又进一步增加了农民的生产成本。为了应对这些挑战，农业部门需要采取适应性措施如改进灌溉系统以应对干旱，提高土地的排水能力以减轻洪水的影响，以及引入耐热和耐旱的作物品种。政府和相关机构需要提供技术和财政支持，帮助农民更有效地管理这些风险并通过科研推动农业技术的发展，以提高作物对极端气候条件的抵抗力。极端天气事件对农业的影响深远，需要农业生产者、保险业和政府的紧密合作，以确保食品供应的稳定性并维持农业的可持续发展。通过这些共同努力，可以减轻气候变化对农业的负面影响，保护农民的生计并确保全球食品安全。

4.3.2 资源可用性（如水资源）的变化

气候变化开始显著影响全球的水资源分布和可用性，对农业产生了深远的影响。在许多依赖灌溉的农业区域，水资源减少已经成为限制农业生产扩张和提高生产力的主要因素，这一变化迫使农业部门必须探索和采纳更高效的水资源管理与利用策略。随着全球气温的上升，某些地区的降雨模式发生了变化，导致传统的水源变得不那么可靠，一些原本利用季节性降雨灌溉作物的地区，现在面临着降雨量的减少和不可预测性增加的问题，此外，蒸发量的增加也加剧了水资源的损失，进一步压缩了可用水量。

为了应对这些挑战，许多农业生产者和管理机构正在采取措施以更有效地管理和利用水资源，包括采用滴灌和喷灌等先进的灌溉技术，这些技术能够减少水资源的浪费并提高使用率。通过精确控制水量直达植物根部，这些系统确保作物能够吸收必要的水分，同时最大限度地减少蒸发和溢出。

农业部门也在采用水资源循环利用的方法，如通过收集和再利用农田排水及雨水，农场可以提高水资源的利用率，减少对外部水源的依赖，这种做法不仅有助于应对水资源短缺，也有助于减少农业对周边环境的影响。农业政策制定者也在推动更广泛的水资源管理策略，如建立或更新水资源分配政策，确保水资源的公平分配并鼓励采用节水技术。政府和国际组织还可以提供资金支持，帮助农民购买节水设备，进行水资源管理培训及改进水资源基础设施。

当前，许多地区的农业仍然面临由于水资源减少带来的严峻挑战，在一些极端干旱的地区，农业生产者不得不减少播种面积或转向种植更耐旱的作物品种，以适应不断变化的环境条件。这些变化对农民的生活和经济状况以及全球粮食供应与价格稳定性都带来了不小的影响。未来随着气候变化的持续演进，全球水资源压力将继续增大，因此发展和实施更加高效与可持续的水资源管理策略将是全球农业部门的重要任务。这需要政策制定者、农业生产者、科研机构和国际社会的共同努力，确保在未来气候更加不可预测的条件下，全球农业能够继续维持世界各国人口的日常食物来源。

4.3.3 供应链的气候敏感性

农业供应链的组成部分从原材料获取、食品加工到分销，均对气候变化显示出极高的敏感性。气候变化带来的不仅是生产环节的不确定性，还包括运输中断和生产延误，这些因素共同推高了运营成本，并增加了食品损耗风险。农业生产是供应链中受气候变化影响最直接的环节，极端天气事件如干旱、洪水或热浪会直接影响作物的生长周期和产量，还可能对农地的长期可耕种性造成影响。

在生产环节之后，收获的农产品需要通过复杂的物流网络进行运输和加工，气候变化引起的极端天气事件如暴雨和风暴，常导致交通运输系统中断，道路、铁路甚至航线可能因为暴雨或洪水而暂时关闭，影响食品从田间到加工厂的及时运输，另外港口设施因风暴受损也会影响国际贸易，延迟食品的进出口。在食品加工和分销环节，气候变化同样扮演着一个不容忽视的角色，加工设施往往依赖稳定的气候条件来维持生产效率，如温度和湿度的控制对许多食品的加工至关重要，气候变化导致的环境异常可能使维持这些条件的成本增加，如需要更多的能源来冷却或加热。自然灾害如洪水或台风可能直接损害生产设施，导致生产暂停和食品供应的不稳定。

为应对这些挑战，农业供应链的管理者需要采取多种策略，其中一种有效的策略是增强供应链的适应性和弹性。例如，通过多样化供应来源减少对单一产区的依赖，从而降低单一气候事件带来的风险，利用先进的信息技术和物联网设备监控供应链状态，可以实时响应气候变化带来的挑战，及时调整物流计划和生产安排。企业还可以投资更先进的储存和运输技术，如改进冷链设施以减少运输和储存过程中因温度变化造成的食品损耗，并建立更有效的应急管理系统。此外，为可能的气候灾害制订明确的应对计划，也是提升供应链抗灾能力的关键措施。

4.3.4 消费者偏好的变化对市场的影响

随着消费者对气候变化的重视逐渐增强，消费者愈发倾向于在食品购买过程中选择可持续生产的产品。农业与食品产业受到这种趋势的影响，正面临生产方式的调整与转型压力以适应市场对环保与可持续食品的需求。从需求端来看，食品的生产方式成为消费者关注的重要因素，人们的消费决策逐渐从过去只注重价格与口味，转向重视产品背后的生产过程。例如，肉类生产中涉及的资源利用效率、土地占用和温室气体排放等问题，对消费者的购买行为会产生明显影响，而有机农业和生态农业等生产方式更容易获得认可。由于消费者的偏好转向，农民和食品生产商需要更加注重在农田和供应链的各个环节降低环境影响。

在终端销售与营销方面，市场逐渐重视与消费者沟通产品的可持续特性，使用透明且科学的标识体系如有机认证、绿色认证和可再生能源认证等，使消费者可以直观了解食品在生产和运输过程中的可持续性。越来越多的品牌致力于传递自身在可持续发展方面的努力，以吸引注重环境保护的消费者。农业与食品产业的各个环节都在逐步调整以适应消费者对可持续食品的需求，政策支持和行业标准的引导也在逐渐强化这一趋势。政府、企业和科研机构与非政府组织等利益相关方的密切合作至关重要，通过政策鼓励、技术创新、知识共享等多种途径，为农业和食品产业的可持续转型提供全面支持。相关行业协会与监管机构应积极引导与制定标准，以确保生产与加工的各个环节符合可持续发展原则。

可持续农业与食品生产不仅有助于满足市场需求，还将带来长远的生态与经济效益，环境友好的生产方式将有效降低农业生产的外部成本，减少对自然资源的依赖与消耗，维护土壤与水体的健康，有助于保护生物多样性与生态系统平衡。在经济效益方面，环保与可持续的食品生产能提高农产品的附加值与国际市场竞争力，使企业在未来的发展中具有更强的韧性。面对气候变化和全球市场的不确定性，农业与食品产业的可持续发展既反映了市场的呼声，也反映了产业持续经营的根本需求，通过调整生产实践，提高可持续性而非短期行为，应被视为战略性举措，能够确保整个产业在未来具备更强的抗风险能力与竞争优势。

4.3.5 生物多样性变化对食品安全的影响

气候变化对全球生态系统的影响十分显著，生物多样性也受到多重威胁。随着全球气温上升、降雨模式改变及极端天气事件增多，作物和畜牧品种的分布、产量和质量都受到影响，给食品生产体系带来诸多挑战。在这种环境中，生物多样性保护和增强成为维持食品安全与营养质量的关键。传统农业依赖单一作物和畜牧品种，导致其应对环境变化的韧性不足，容易出现产量下降的风险。农业领域的作物和畜牧品种多样性对于抵御气候变化的影响至关重要，不同作物品种对气候和土壤条件的适应能力各异，能够在不同环境下保持稳定的产量。例如在干旱地区栽培耐旱作物可以显著减少灌溉需求并防止土壤恶化，多样化的作物轮作和间作方式则能够增强农业生态系统的稳定性，有助于减少病虫害和土壤退化等问题的发生。在畜牧品种方面，不同牲畜品种的饲养需求和抗病能力各异，通过多样化养殖可以增强养殖业对气候变化的适应能力。

传统农业生产方式往往倾向于高产高效的现代品种，但在应对气候变化的韧性方面可能不如传统品种。遗传多样性的缺失导致农业生产系统更容易受到极端天气事件和病虫害的侵袭。在这种情况下，农民和农业科学家需要积极探索本土作物与牲畜的多样化生产方式，通过保存和培育传统品种或杂交品种，农业生产能够拥有更丰富的遗传资源，进而具备更强的适应能力和抗病虫害能力。生物多样性变化对食品安全的另一层影响在于营养与质量的波动，不同品种的作物和牲畜含有不同的营养成分，单一化的农业生产会导致食品营养构成单调，对人类健康不利，而多样化的农业生产方式能够提供更丰富的食品选择，确保人类摄入全面的营养成分。在全球市场中消费者对健康食品的需求不断增加，食品企业需要关注营养均衡的重要性，引入多样化的生产方式提供更优质的食品。

生物多样性保护对农业生产的可持续性也具有战略意义。在全球变暖的背景下，极端天气事件的发生日益频繁，单一的农业生产体系难以应对气候变化的不确定性，通过保护农业生物多样性，农业生产体系能够更好地适应环境变化，保障生产的稳定性。多样化的作物和畜牧品种能够保持生态系统的平衡，促进农业生产与自然环境的和谐共存。生物多样性保护和农业生产的结合需要各利益相关方的共同努力，科研机构可以通过开展本土作物和牲畜的研究，识别和推广具备高抗性与高适应能力的品种，并为农民提供技术支持。政府部门则需制定相关政策，鼓励农民引入多样化的生产方式，同时对传统作物和畜牧品种的保存与育种提供资助。在供应链管理上，食品生产企业可以通过与农民合作，确保供应链的生物多样性，提供更多样的食品产品。

消费者的需求变化同样影响着食品生产体系的多样性，在市场的引导下农业生产者需要更注重食品的营养均衡和可持续生产。在终端销售方面，食品企业可以通过透明的信息披露，使消费者了解产品的来源和生产过程，从而引导其选择品种多样和营养丰富的食品。气候变化对生态系统和生物多样性的影响对食品安全带来了严峻挑战，农业和食品产业必须通过保护与增强生物多样性，建立具有适应性的生产体系，确保全球食品供应的安全和营养质量。在全球人口不断增长和气候变化不断加剧的双重压力下，生物多样性保护已经成为不可忽视的战略性议题。

4.3.6 技术创新与适应性策略

气候变化带来日益严峻的挑战，农业和食品产业正积极采取技术创新和适应性策略，保障生产效率、食品供应和生态可持续性。精准农业、抗旱作物种植和高效水资源管理系统等新兴技术正被逐步引入生产过程，这些新兴技术的引入不仅帮助农业领域应对气候变化的多样性影响，还提升了生产效率，并推动整个行业迈向更加环保的方向。精准农业是现代科技在农业领域的重大应用，通过利用遥感技术、全球定位系统、数据分析和物联网等，实现对农田和作物生长状况的精确监控与管理。基于数据的实时反馈和分析，农民可以及时采取措施调整施肥、灌溉和农药使用等管理方式，更有效地利用资源，减少浪费，这一方式在水资源稀缺的地区显得尤为重要。精准农业还可以显著降低对化学品的依赖，有助于减少土壤和水体污染，提高整体生态系统的可持续性。

在作物种植方面，抗旱品种的开发和种植为农业生产提供更大的韧性。全球气候变暖趋势仍在持续，旱灾的频率和严重程度不断上升，对传统作物种植提出了巨大挑战。经过多年的科学育种和基因改良，抗旱作物品种具备在低水环境下依然保持较高产量的能力，这不仅能保障农民在干旱时期的收益，还能够减少对水资源的依赖，缓解用水紧张状况。这类作物品种的引入有助于恢复和保持土壤结构，避免因干旱引发的土壤退化问题。高效水资源管理系统在现代农业生产中起到了至关重要的作用。在干旱和半干旱地区，传统灌溉方式可能导致水资源的大量浪费，而通过引入先进的水资源管理系统如滴灌和微喷灌溉技术，可以实现水资源的精准分配，将水直接送达作物根部，避免过度浇灌。这些技术可以与传感器和数据分析相结合，根据土壤湿度、作物需水量和气象预报等实时信息，调整灌溉计划从而实现水资源的最佳利用。

除此之外，农业生产还可以通过多种策略应对气候变化的挑战，如轮作和间作等传统农耕方式可以增强土壤的肥力与结构，减少病虫害的发生，此外，适当引入覆盖作物和保护性耕作等方式，有助于减少土壤侵蚀，提高土地的可持续性。在畜牧业领域，改进饲料配方和饲养方式，有助于提高牲畜的生产效率，降低饲养成本和碳排放。农产品供应链的管理也不容忽视，在食品运输、加工和包装环节，引入节能技术与材料创新，可以显著减少对环境的影响。例如，使用可降解包装材料和减少加工副产品的浪费，可以提高整体供应链的环保水平。供应链的数字化管理系统能够实现产品从生产到销售全流程的追溯，有助于建立消费者对可持续食品的信任，并为农民和企业提供及时的市场反馈。

政策与社会层面的支持也至关重要，政府和行业组织应通过补贴、税收优惠和技术培训等方式鼓励农民采用新技术，并推动科研机构开展适应性农业研究。食品行业消费者意识的提升和可持续食品的需求增长，也促使企业不断改进生产方式，向可持续发展转型，技术创新与适应性策略的实施将在气候变化时代为农业和食品产业带来新的增长机遇。通过这些举措，不仅能够抵御环境变化的冲击，还可以推动整个产业向更高效、更环保、更可持续的方向发展。

4.4 房地产业

4.4.1 物理风险对房产价值的影响

气候变化导致的物理风险，包括洪水、海平面上升和极端天气事件，对房地产业产生直接深远的影响。由于这些风险的不断加剧，许多地区的房产遭到损毁，保险成本急剧攀升，市场吸引力降低，最终引发房地产价值的波动与下降。在沿海地区，海平面上升带来的威胁尤为明显，随着海水逐渐侵蚀海岸线，低洼地区的房产受海水倒灌、侵蚀和洪涝的影响，这些区域的房地产吸引力被严重削弱，导致房价大幅缩水，沿海城市的不动产开发与销售也因此变得风险更高。一些保险公司甚至提高保费或完全撤销覆盖范围，进一步打击该地区的房地产市场信心。洪水泛滥带来的物理风险不仅限于沿海地区，内陆的河流和湖泊沿岸也面临着威胁，暴雨引发的洪水和城市排水系统的承载力不足，使内陆房产的风险性与日俱增。许多建筑物在持续浸水的情况下，基础设施被侵蚀，导致结构性损坏并增加修复成本。洪水后还可能存在疾病传播的隐患，这种潜在健康威胁也影响了房产价值和买家的购买意愿。

极端天气事件也对房地产价值造成了重大冲击。飓风、龙卷风、森林火灾和暴风雪等现象正以更加频繁和猛烈的形式出现，不同地区的房产直接面临毁损风险。飓风和龙卷风会直接摧毁建筑物，森林火灾则可能使整个社区陷入火海，暴风雪不仅对建筑物本身造成压力，还可能切断电力和供暖系统，带来严重的生活不便。极端天气频发导致这些地区的房产修复和保险成本不断增加，购房者在选择房产时更加谨慎，严重影响房地产市场的需求和价值。面对气候变化引起的这些物理风险，房地产开发商、投资者和城市规划者纷纷调整策略，努力降低风险带来的损失。开发商和设计师将建筑材料的选择与建筑结构的改进纳入考量，力求增强房产抵御自然灾害的能力，因此更坚固的建筑结构和更高的防洪标准已成为新建房产的设计重点，建筑设计应考虑未来几十年的海平面上升趋势。

城市规划者在制定区域发展规划时，需将这些风险因素作为重要参考，可以在土地使用和开发密度上作出调整。例如，在洪水和飓风风险较高的区域，限制建筑密度并加强防洪设施的建设，确保有足够的应急疏散通道。市政排水系统的升级改造也被提上日程，以确保在极端降雨时能够及时排水。保险公司也在不断调整政策以应对日益加剧的风险，新的保险产品和定价机制正在被引入市场，以更准确地评估房产风险，并为高风险地区的房主提供更灵活的保障方式。政府和行业组织也在鼓励保险机构与房产开发商、规划者合作，推动防灾基础设施的建设以减少风险暴露。

然而，这些适应性措施并不能完全消除风险，房地产市场的投资者依然需要对市场动态保持高度警惕，深入了解不同地区的物理风险及其对房产价值的潜在影响。在购置房地产资产时，全面的风险评估已成为不可或缺的一环，气候变化引发的物理风险对房地产价值产生了重大影响，迫使利益相关方调整策略，加强防灾能力。尽管风险管理措施和适应性策略有助于减轻部分影响，但这种风险趋势的长期性和广泛性要求各方采取更为综合的应对方案，以确保房地产市场的稳定与可持续发展。

4.4.2 绿色建筑与可持续性标准的实施

当前，房地产业正积极采取措施，尽量减弱自身受到的环境影响，绿色建筑和可持续性标准逐渐成为这一领域的重点发展方向。通过采用高效节能和低环境影响的材料与技术，打造更加环保的建筑项目，不仅减少碳排放和资源消耗，还提高了建筑的整体效益和市场竞争力。

绿色建筑在设计和施工阶段优先考虑减少能源与资源的消耗。例如，设计师与建筑师在选材时，会选择保温性好、导热低、耐久性强的材料以尽可能降低建筑能耗，优化建筑结构和布局，使其在尽量减少能源消耗的情况下，充分利用自然采光和通风，进一步减少对人工照明和空调系统的依赖。建筑结构设计也在力求减少材料浪费和施工污染，并通过预制构件等方式提高施工效率。

节能技术和系统在绿色建筑中起到至关重要的作用，在供暖、制冷、照明和水资源管理等方面，引入先进的节能技术能够大幅减少能源的使用。例如，智能照明系统会根据环境光照和人员活动情况自动调节灯光亮度，以减少不必要的电力消耗，供暖和制冷系统则通过智能温控与区域调节的方式，在保障舒适度的同时尽量避免能源浪费。

可再生能源的应用也是绿色建筑的核心部分之一。在建筑物的设计和规划阶段，可以充分考虑将太阳能、风能和地热能等清洁能源整合到整体能源供应系统中。例如，太阳能光伏板和太阳能热水器可以为建筑提供一部分电力与热水需求，风能发电设备可在条件适宜的地区补充电力供应，地热能则可用于建筑的供暖和制冷。在某些地区，生物质能发电设备也逐渐融入建筑能源系统，以便利用有机废弃物减少对化石燃料的依赖。水资源管理也是绿色建筑不可忽视的环节，在设计阶段，建筑师会提前规划雨水收集系统纳入，将屋顶和地面收集的雨水用于景观灌溉与非饮用水用途，从而减少自来水的消耗。节水型卫生洁具、用水管理系统和污水处理系统的应用能够确保建筑内部的水资源得到有效利用。

绿色建筑标准的实施不仅涉及节能、节水和可再生能源的应用，还涵盖了整个建筑生命周期的环保性。优先采用可循环和可降解的环保材料，并减少对不可再生资源的依赖。在施工过程中控制灰尘、噪声和废水的排放，确保施工现场对周边环境和社区的影响降到最低。在运营管理阶段，物业管理团队需积极参与到建筑的绿色管理中来，确保节能技术、再生能源和资源管理系统的高效运行，并定期评估建筑的整体环保性能。租户和使用者在日常使用中也能积极参与，通过减少电力和水资源的浪费，共同为绿色建筑的可持续运营贡献力量。

为推动绿色建筑和可持续性标准的实施，政策支持、金融激励与公众意识提升同样重要。政府在制定建筑规范与节能标准时，还需为绿色建筑提供税收优惠、补贴和认证支持，吸引开发商和投资者积极参与。银行和金融机构也可通过提供优惠贷款和保险产品，为绿色建筑项目注入资金动力。相关机构与媒体应加大宣传力度，提升公众对绿色建筑的认知度，使其在选择居住与办公环境时，更加注重建筑的可持续性。绿色建筑与可持续性标准的实施为房地产业提供了全新的发展路径，帮助行业在激烈的市场竞争中立于不败之地，通过降低对能源与资源的消耗，为未来的环保与可持续发展奠定坚实基础。

4.4.3 投资者与消费者对绿色住房的需求

近年来，投资者和消费者对绿色住房的需求呈现明显增长趋势，与此同时，市场对环境友好型建筑和高能效房屋的需求也在不断提高，这种市场导向明显影响了房地产业的投资方向和开发策略。房地产市场投资者更加看重绿色建筑的潜在价值，环保建筑的节能特性显著降低了日常运营成本，使其在电力和供暖等方面的支出远低于传统建筑。对长期投资者而言，这种稳定的节省意味着更可观的收益。此外，绿色建筑的结构更为坚固，能够在极端天气条件下提供更好的保障，降低潜在损毁风险和维修成本，这些特点增加了绿色住房的吸引力，使其成为投资组合中的热门选择。

不仅如此，绿色住房对租户和买家更具吸引力。许多高能效房屋通过节能技术，如智能供暖与照明系统、太阳能电池板及雨水收集系统等，为居住者创造了更舒适的生活环境。这些技术减少了电力和水资源的浪费，并确保室内温度的稳定，减轻了对环境的影响。绿色住房在室内空气质量上更有保障，因其使用低污染材料，减少了有害气体的排放。在市场需求的驱动下，房地产开发商逐渐意识到绿色项目的价值，并加大对相关领域的资金投入，许多新建住宅和商业项目都将节能与环保作为重要卖点，以吸引关注可持续发展的消费者与投资者。一些开发商积极与建筑师、工程师合作，整合创新技术和环保材料，为市场提供更具竞争力的绿色住宅产品。老旧建筑的翻新项目也日益注重绿色标准，通过更换传统供暖和空调系统，引入更高效的节能设备与环保材料，使其在市场上焕发新的活力。

政府政策与市场激励也为绿色住房需求的增长提供了支持，通过税收优惠、补贴和绿色认证等方式，政府鼓励开发商投资绿色项目。一些城市推出了严格的建筑标准，将节能与环保作为建筑许可的必要条件，进一步推动了绿色住房市场的发展。银行与投资机构也为绿色项目提供了特殊融资渠道，以支持开发商的可持续发展战略。从消费者的角度来看，越来越多的购房者意识到绿色住房的长期经济效益和环境价值。一方面虽然绿色住房的初始价格可能略高于传统房屋，但在长期运营中通过节省能源和维护成本带来的收益，使其成为更具成本效益的选择；另一方面许多消费者希望通过居住在绿色住房中践行环保理念，为子孙后代留下更健康的生活环境。

面对投资者和消费者的双重需求，房地产市场迅速转型，绿色建筑与可持续发展理念不再只是附加条件，而是成为许多项目的核心优势，在规划新建筑时，开发商从设计之初就融入节能与环保策略，使其在市场上更具竞争力。建筑材料的供应商和技术提供商也在不断创新，为绿色住房提供更先进、更经济的产品与服务。投资者和消费者对绿色住房需求的持续上升，不仅推动环保建筑和高能效房屋的价值提升，还促使开发商积极参与更多绿色项目。房地产市场正在向着更加绿色和可持续的方向前进，这一趋势有望在未来几年内进一步加速，为行业带来新的机遇与挑战。开发商、投资者和消费者的合作将共同塑造一个更环保、更加可持续的房地产市场。

4.4.4 气候变化对房地产业规划的影响

全球气候不断变化，房地产业面临新挑战和新机遇。在城市规划和房地产开发过程中必须充分考虑气候变化带来的影响，并采取相应的策略以提高建筑和社区的抗灾能力与可持续性。房地产项目选址需要更加谨慎，开发商应当避免在易受洪水、风暴潮和其他极端天气事件影响的地区进行大规模开发，如果必须在这些区域进行建设，则需要采取更高的防洪标准（如建设更高的地基、加固建筑结构等）。在沿海地区需要考虑海平面上升的长期影响，确保建筑物在未来几十年内仍然能够安全使用。建筑设计需要适应气候变化的需求，包括采用更节能的设计和材料，提高建筑物的隔热性能和能效标准，绿色建筑技术（如屋顶绿化和垂直绿化等）应得到更广泛的应用，不仅能够减少建筑物的能耗，还能够改善微气候，缓解城市热岛效应。开发商还需要为建筑物设计更完善的雨水收集和排放系统，以应对未来更频繁的暴雨天气。

房地产项目应当更加重视园林绿化和公共空间的打造，在社区内设置更多的绿地、公园和水系，这样不仅能够提供更优质的居住环境，还能够起到吸收雨水和调节气温的作用，这些绿色基础设施在应对气候变化中发挥着不可替代的作用。气候变化还要求房地产业更加重视社区的韧性建设，包括完善社区的应急预案和管理体系，定期开展防灾演练，增强居民的风险意识和自救互救能力。房地产开发商还可以通过引入更多的社区服务和公共设施（如医疗、教育等），提高社区应对灾害的综合能力。

房地产业需要与城市规划部门密切合作，共同应对气候变化的挑战，包括参与城市总体规划和专项规划的制定，为城市的防灾减灾和可持续发展提供解决方案。房地产业还应当积极参与城市基础设施的建设和升级，特别是在能源、交通和水务等关键领域，推动城市系统的低碳转型和韧性提升。气候变化已经成为影响房地产业发展的重要因素，只有主动适应新的气候环境，房地产业才能在未来的市场竞争中保持优势。这需要开发商、设计师和管理者等多方携手努力，共同探索适应气候变化的新模式和新技术。通过前瞻性的规划和设计，房地产业将为城市居民提供更安全、更健康和更可持续的居住环境，同时也为自身的长远发展奠定坚实的基础。气候变化与城市化的关系如图 4-2 所示。

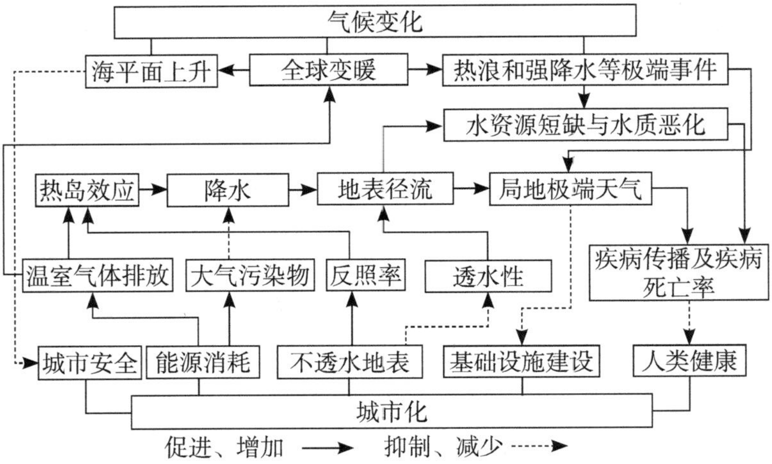

图 4-2　气候变化与城市化的关系

4.4.5 地理位置对投资决策的影响

气候变化的影响日益显现，房地产投资者在作出投资决策时，愈发重视地理位置的风险评估，特别是低洼和极端天气事件频发的区域。由于潜在的洪水、风暴潮和极端温度变化，投资风险和维护成本显著提高，在此背景下海拔较高和气候相对稳定的地区逐渐成为投资者青睐的目标，这显示出新的投资导向。地处低洼或易受极端天气事件影响的地区，其房产面临直接的物理风险，如洪水、风暴潮、飓风、山火和冰雹等自然灾害，不仅能造成房屋的直接毁损，还会影响供水、供电和交通等基础设施的正常运行，导致房产无法正常使用，使此类房产在市场上吸引力下降，价值和租金也随之降低，保险公司往往也会提高保险费率，甚至拒绝为这些高风险房产提供保险。此外，频繁的维修和加固费用会使维护成本大幅上升，使得这些房产的盈利能力显著降低。

与之相比，地势较高且气候相对稳定的区域成为房地产投资的热门选择。这些地区的房产不易受到洪水和风暴潮的侵袭，极端天气事件发生的频率和强度较低，保障了日常生活的安全与稳定。房屋的损毁风险降低，使得保险费率和维护成本相对较低，从而吸引了更多购房者与租户，推动了这些区域的房产市场升温，长期可持续发展的潜力使这些地区的房产具有较好的保值和增值能力，成为投资者关注的重点。投资者还需考虑当地政府的应对措施和适应性规划，一些高风险地区已经通过政策和基础设施建设努力降低气候风险，如修建防洪堤坝、升级排水系统及改进城市规划。政府的投入可以为房地产投资者提供更强的信心，使这些地区在改善环境的同时逐步恢复其投资吸引力。相反，若地方政府对极端天气事件和气候变化缺乏规划与应对能力，房地产市场的风险会更高。

基础设施和公共服务的健全性也直接影响投资者的决策，在气候条件恶劣的地区，可靠的交通、电力和供水等设施对于确保房产的正常使用至关重要。公共空间、避难所、医疗机构和应急响应机制的完善程度也影响着房产价值。投资者会更倾向于选择那些拥有健全基础设施且能在极端天气事件中保持稳定运作的地区。作为长期投资目标，气候变化引发的健康与环境问题也需纳入决策考量，极端高温、雾霾和水源污染等现象会影响居民的生活质量与健康，降低房产市场的吸引力。例如，频繁的高温会使建筑物的空调和降温系统负荷加大，增加能源成本，雾霾和空气污染问题将促使居民选择远离市中心的区域，从而改变市场需求结构。

房地产投资者还需要平衡潜在风险与收益的关系，虽然某些高风险地区的房产价格较低，但长期维护和保险费用可能抵消其初始投资的收益。投资组合的多样化策略能够在不同气候条件下分散风险，实现更稳健的投资收益。地理位置在房地产投资决策中占据重要地位，高风险区域的房产价值受损，吸引力下降，而地势高且气候稳定的区域更受青睐，成为未来投资的重点目标。通过结合政府政策、基础设施健全性和环境健康因素，房地产投资者能够作出更明智的投资决策，确保资产组合具备更强的韧性与抗风险能力。

第 5 章 气候变化对企业财务的实际影响与应对

5.1 气候变化对企业资产的影响

5.1.1 固定资产受气候事件损坏的财务后果

气候变化引发的极端天气事件对企业固定资产造成的损害日益严重，这些损害直接影响企业的财务状况，频繁发生的洪水、飓风、干旱和野火等自然灾害往往导致企业的厂房、设备和仓库等固定资产遭受不同程度的破坏。这些损害不仅需要企业投入大量资金进行修复和重建，还导致资产的永久性贬值，在财务报表中这些损失通常体现为固定资产减值损失，直接影响企业的资产负债表和利润表。例如，位于沿海地区的制造企业会因海平面上升而面临厂房被淹没的风险，需要提前计提资产减值准备，减少企业的净资产值和当期利润。

除了直接的资产损失，气候事件造成的固定资产损坏还会引发一系列间接的财务后果。生产设施的损坏会导致企业营运中断，造成收入和市场份额下降。为了恢复生产，企业需要租用临时设施或购买新设备，这些额外支出将增加企业的运营成本，频繁的资产损坏导致保险费用上涨，进一步加重企业的财务负担。在某些情况下，持续的气候风险迫使企业重新选址或升级基础设施，这需要大量资本支出，影响企业的现金流和负债水平。

为了应对固定资产受气候事件损坏的财务风险，企业需要采取积极的风险管理措施，包括对固定资产进行气候风险评估，以及识别易受气候影响的关键资产并制定相应的保护和适应策略。企业可以考虑增加资产的气候韧性（如加强建筑物的防洪设计或改善冷却系统）以应对高温环境。企业还应该优化保险策略，确保充分覆盖潜在的气候相关损失。从财务管理的角度来看，企业可以建立专门的资金储备，用于应对可能的极端天气事件造成的资产损失。在进行新的固定资产投资时，企业应该将气候风险纳入决策考量，选择更具气候韧性的资产或地点以降低长期财务风险。

气候变化对企业固定资产的影响已经成为一个不容忽视的财务风险因素。企业需要在财务规划、资产管理和风险控制等方面作出相应调整，以减少气候事件对固定资产造成的财务损失，维护企业的长期财务健康和可持续发展，这不仅涉及短期的损失控制，还关系到企业的长期战略规划和投资决策，对企业的整体财务状况和竞争力将产生深远影响。

5.1.2 库存管理面临的气候相关挑战

气候变化对企业库存管理带来的挑战日益显著，直接影响企业的财务状况和运营效率。极端天气事件频发导致供应链中断，致使原材料供应变得不稳定，企业被迫增加库存以应对供应波动，这将占用更多的运营资金，从而降低资金使用效率。气候变化引起的温度和湿度异常可能加速某些产品的变质或损坏，特别是对于食品和药品等对储存环境敏感的行业，企业需要投入额外资金改善仓储条件，如增设温控设备或改造仓库，这些支出将增加企业的固定成本和折旧费用。气候变化还会改变消费者需求模式，导致某些季节性产品的销售周期变得不可预测，企业将面临库存积压或短缺的风险，影响收入和利润。

为应对这些挑战，企业需要调整库存管理策略，这往往会对财务产生多方面的影响，实施更精细的需求预测和库存控制系统，可以帮助企业更准确地预测销售趋势，减少库存积压和缺货风险。然而这类系统的开发和维护需要大量投资，短期内会增加企业的信息技术（Information Technology，IT）支出和相关人力成本。采用更灵活的生产模式如准时制生产方式（Just in Time，JIT）或按需生产，可以降低库存水平，减少占用资金，但可能需要重组生产流程，产生额外的转型成本。企业需要与供应商建立更紧密的合作关系如签订长期供货合同或进行战略投资，这些举措虽然可以稳定供应，但也可能增加企业的长期财务承诺和风险敞口。

气候变化促使企业重新评估库存的地理分布和仓储网络。为降低单一地区气候风险，企业选择在多个地点设立仓库，实现库存分散化。这种策略虽然可以提高供应链的韧性，但也会增加仓储和物流成本。企业需要投资更先进的仓储设施，如配备备用发电系统和防洪设施或者更高效的制冷系统的仓库，这些投资将增加企业的资本支出和长期资产负债，在财务报表中这些变化可能体现为固定资产增加和折旧费用上升，以及运营费用的结构性变化。通过优化库存管理，企业可以提高资产周转率，改善现金流状况，这将对财务报表产生积极影响，如降低流动资产占比和提高资产收益率等。

气候变化给企业库存管理带来挑战，直接影响企业的财务状况。为应对这些挑战，企业需要在多个层面进行调整和投资，这些措施虽然短期内会增加成本和资本支出，但从长远来看，有助于提高企业的运营效率和财务韧性。企业需要权衡短期财务压力和长期竞争优势，制定全面的库存管理策略以适应气候变化带来的不确定性。通过有效的库存管理，企业不仅可以降低气候相关风险，还能优化资金使用，提升整体财务表现，为股东创造更稳定的长期价值。

5.1.3 无形资产价值受气候因素的影响

气候变化对企业无形资产价值的影响日益显著，这种影响主要体现在品牌价值、商誉、专利技术和知识产权等方面。随着社会对环境问题关注度的不断提高，企业的环境表现已成为评估其品牌价值的重要因素。对于未能有效应对气候变化挑战的企业，其品牌形象可能受到损害，导致品牌价值下降，这种下降不仅反映在企业的资产负债表上，还会影响企业的市场估值和融资能力。相反，积极应对气候变化的企业能够获得品牌价值的提升，增强客户的忠诚度和市场竞争力，在财务报表中这种变化体现为商誉的增值或减值，直接影响企业的资产总额和净资产价值。

气候变化能够影响企业的专利技术和知识产权价值。随着环保法规日益严格和市场对绿色产品需求的增加，某些传统技术将面临淘汰风险，相关专利的价值会大幅降低，企业需要在财务报表中反映这些无形资产的减值，进而导致当期利润下降。在清洁能源、碳捕捉和节能技术等领域拥有专利的企业，其无形资产价值显著增加，这不仅会提高企业的资产价值，还创造了新的收入来源（如专利许可费），企业需要定期评估这些专利技术的市场价值，并在财务报告中适时反映其价值变化，这导致无形资产账面价值的波动，影响企业的财务状况和盈利能力。

气候变化还能通过影响企业的人力资本来间接影响无形资产价值。随着环境意识的提高，优秀人才倾向于选择环境表现良好的企业。对于未能有效应对气候变化的企业，将面临人才流失和招聘困难的问题，这将影响企业的创新能力和长期竞争力。虽然人力资本不在资产负债表上直接体现，但其影响会通过研发支出和员工培训成本等财务指标反映出来。企业为应对气候变化而开发的新技术、管理系统或商业模式，将成为企业的核心竞争力，增加企业的无形资产价值，这些价值不会立即体现在财务报表中，但会影响企业的长期财务表现和市场估值。

为了管理气候变化对无形资产价值的影响，企业需要采取积极的应对策略，包括加大环保技术研发投入、优化产品结构以适应低碳经济需求、加强环境信息披露等，这些措施虽然会增加短期成本，但有助于提升企业的无形资产价值，改善长期财务表现。企业还需要建立更完善的无形资产评估机制，定期评估气候变化对无形资产价值的影响，并在财务报告中及时反映这些变化。通过有效管理无形资产，企业可以增强财务韧性，提高市场竞争力，为股东创造更稳定的长期价值。气候变化对企业无形资产价值的影响已成为企业财务管理中不可忽视的重要因素，需要企业管理层给予充分重视并采取相应的财务策略。

5.1.4 投资组合中的气候风险暴露

投资组合中的气候风险暴露已成为影响企业财务状况的重要因素。随着全球气候政策的收紧和市场对环境问题的关注度提升，高碳排放行业及企业面临的监管风险和市场风险不断增加。这些风险会导致相关资产价值急剧下降，甚至成为“搁浅资产”。在投资组合中持有大量此类资产的企业将面临资产减值的风险，直接影响企业的资产负债表和利润表。例如，持有大量化石能源相关资产的投资组合，因能源转型政策而面临价值下跌的风险，企业需要在财务报表中反映这些潜在的减值损失，这将降低企业的净资产值和当期利润。

另外，气候变化也为企业投资组合带来新的机遇。随着清洁能源、节能技术和环保产业的快速发展，将为相关领域的投资带来显著回报。企业通过调整投资组合，增加对低碳产业和绿色技术的投资比重，不仅可以分散气候风险，还能获得超额收益，这种投资组合的调整能在短期内增加交易成本和资本支出，但从长远来看，有助于提高投资组合的整体收益率和稳定性。在财务报表中，这种变化体现为投资收益的增加和投资资产结构的优化，有利于改善企业的财务状况和盈利能力。

为了有效管理投资组合中的气候风险暴露，企业需要建立完善的气候风险评估和管理体系，包括对投资组合中各项资产的气候风险进行全面评估，识别高风险资产并制定相应的风险缓解策略。企业需要投入资金开发或购买专业的气候风险评估工具，这将增加企业的运营成本。企业还需要加强对投资组合的气候相关信息披露要求，这可能增加尽职调查的成本和复杂性。然而这些投入有助于提高投资决策的质量，降低长期财务风险，企业还可以考虑采用气候情景分析等方法，评估不同气候变化情景下投资组合的表现，并据此调整投资策略。这种前瞻性的风险管理方法虽然增加了短期成本，但有助于增强企业的财务韧性和长期价值创造能力。

企业还需要考虑气候变化对投资组合流动性的影响。随着投资者对气候风险的关注度提高，一些高碳排放资产的流动性可能下降，企业将面临难以及时变现的风险，这不仅会影响企业的现金流管理，还会在紧急情况下影响企业的偿债能力。因此，企业在构建投资组合时需要充分考虑资产的流动性，平衡收益、风险和流动性需求。从财务管理的角度来看，企业需要增加流动性储备或调整债务结构以应对潜在的流动性风险，这将影响企业的资本结构和融资成本。有效管理投资组合中的气候风险暴露，已成为企业财务管理的重要组成部分，需要企业在资产配置、风险管理和财务规划等多个方面作出相应调整，以确保企业的长期财务健康和可持续发展。

5.2 气候变化引发的运营成本变化

5.2.1 能源成本波动对财务的影响

气候变化引发的能源成本波动对企业财务状况产生深远影响。随着全球气候政策趋严，传统化石能源面临更多限制和额外成本（如碳税和排放权交易等），这些政策导致化石能源价格上涨和波动加剧，直接增加了能源密集型企业的运营成本。对于制造业和交通运输业等行业而言，能源成本占总成本的比重较高，能源价格的波动显著影响企业的利润率和现金流。在极端情况下，能源成本的急剧上升会导致某些企业的经营陷入困境，甚至面临破产风险。从财务报表的角度来看，能源成本的上升直接反映在利润表的成本项目中，会降低企业的毛利率和净利润。能源成本的不确定性也增加了企业的财务风险，可能影响企业的信用评级和融资成本。

为应对能源成本波动带来的财务风险，企业需要采取多种策略，其中提高能源使用效率是最直接的应对方式。企业需要投资节能技术和设备，这将增加短期资本支出，但有助于降低长期运营成本。从财务角度来看，这种投资将导致固定资产增加和折旧费用上升，但长期来看可以改善企业的成本结构和盈利能力。另一种策略是转向使用可再生能源（如安装太阳能板或风力发电设备），这类投资虽然前期成本较高，但可以降低企业对传统能源的依赖，减少长期能源成本波动的影响。企业还可以考虑签订长期能源供应合同，或使用金融衍生工具来对冲能源价格风险，这些措施虽然会增加短期财务成本，但有助于稳定企业的长期成本结构和现金流。

能源成本波动影响企业的定价策略和市场竞争力。能源成本上升时，企业面临是否将成本转嫁给消费者的困难决策，如果选择提高产品价格，将导致销量下降和市场份额减少；如果选择维持价格，则会导致利润率下降，从而直接影响企业的收入和利润，能源成本的变化会改变不同产品或业务线的盈利能力，促使企业调整产品结构或业务重心。从财务管理的角度来看，企业需要频繁进行成本分析和盈利能力评估，将会增加相关的管理成本。为了应对能源成本波动带来的不确定性，企业需要增加现金储备或调整股利政策，这将影响企业的资本结构和股东回报。

长期来看，能源成本的波动能够推动企业进行更深层次的业务转型，部分企业选择将生产基地转移到能源成本较低或能源供应更稳定的地区，这将涉及大规模的资产重组和资本支出。一些企业投资自主发电能源（如建设分布式能源系统），这不仅可以降低对外部能源供应的依赖，还能创造新的收入来源。从财务角度来看，这些转型措施在短期内会增加企业的债务水平和财务风险，但长期来看，有助于提高企业的成本竞争力和财务稳定性。能源成本波动对企业财务的影响是全方位的，涉及成本管理、投资决策和风险控制等多个方面，企业需要建立更灵活和更具前瞻性的财务管理体系，以适应能源市场的变化，确保长期财务健康和可持续发展。

5.2.2 原材料价格变化带来的财务压力

极端天气事件的频发导致农业产量波动加剧，直接影响了食品和纺织行业的原材料成本。气候政策的收紧也推高了一些原材料的价格，如碳定价机制增加了钢铁、水泥等高碳排放产品的成本，这些因素综合作用，使原材料价格呈现上涨趋势和高波动性。对制造业企业而言，原材料成本占总成本的比重较大，原材料价格的变化直接影响企业的利润率和现金流。从财务报表的角度来看，原材料价格上涨会导致企业的成本项目增加。毛利率下降，如果企业无法将成本的增加转嫁给下游客户，净利润将会受到显著影响。此外，原材料价格的波动还增加了企业的运营资金需求，进而导致短期流动性压力增加。

为应对原材料价格变化带来的财务压力，企业需要采取多元化策略，提高原材料使用效率是一种直接有效的方法。企业可以通过优化生产工艺、改进产品设计来减少原材料消耗。这种策略虽然需要前期研发投入，增加短期成本，但长期来看可以显著降低原材料支出，提高企业的成本竞争力。另一种策略是寻找替代材料，特别是那些价格波动较大或受气候影响严重的原材料，这将涉及新产品开发和生产流程调整，需要企业增加研发投入和固定资产投资。从财务角度来看，这些投资会导致企业的资本支出增加，短期内会影响现金流，但可以提高企业的抗风险能力和盈利稳定性。

企业还可以通过供应链管理来缓解原材料价格变化带来的影响，与供应商建立长期稳定的合作关系，签订长期供货合同，可以在一定程度上锁定原材料价格，降低价格波动的影响。企业可以考虑向上游延伸，直接参与原材料生产或收购上游供应商，这种垂直整合策略虽然需要投入大量资金，可能会增加企业的负债水平，但可以提高企业对原材料供应和价格的控制力。企业还可以通过金融衍生工具（如期货和期权）对冲原材料价格风险，这种策略虽然可以有效管理短期价格波动，但也增加了企业的金融风险和相关管理成本。从财务管理的角度来看，企业需要在风险对冲和成本控制之间找到平衡点。

原材料价格变化还能促使企业调整其产品结构和定价策略。面对成本上涨压力，企业需要重新评估各产品线的盈利能力，考虑减少或停止生产那些原材料成本占比高和利润率低的产品，这种产品组合的调整可能导致企业收入结构的变化，影响整体财务表现。在定价策略方面，企业需要权衡提价对销量的影响和维持价格对利润率的影响，这直接关系到企业的收入和盈利水平。为了应对这些挑战，企业需要加强成本管理和财务预测能力，增加相关的人力和技术投入。从长远来看，原材料价格变化能够推动企业向更可持续的商业模式转型，如发展循环经济和采用新型环保材料等，这种转型有助于提高企业的长期竞争力和财务韧性。原材料价格变化对企业财务的影响是多方面的，需要企业从战略高度重新审视其成本结构、供应链管理和产品策略，并相应调整财务管理方法，以确保在气候变化背景下的可持续发展。

5.2.3 保险费用上涨的财务负担

气候变化引发的极端天气事件频发，导致企业面临的物理风险不断增加，直接推动了保险费用的上涨，给企业带来了额外的财务负担。保险公司为应对气候变化带来的风险，不断调整其风险评估模型和定价策略，导致多类保险产品费率上升，对于位于气候敏感地区的行业或企业而言，保险费用的上涨尤为显著。例如，沿海地区的企业可能面临更高的洪水和风暴保险费用，农业企业则需要支付更高的作物保险费用，这种保险成本的增加直接影响企业的运营成本，这反映在利润表的管理费用或其他相关成本项目中，进而影响企业的利润水平。对于某些高风险行业的企业，保险费用的大幅上涨会压缩其利润空间，甚至影响其经营可持续性。

保险费用上涨不仅增加了企业的直接成本，还影响了企业的投资决策和风险管理策略。面对高昂的保险费用，一些企业选择缩小保险覆盖范围或提高免赔额以降低保险支出。这种做法虽然可以短期内减轻财务压力，但同时增加了企业的风险敞口，一旦发生重大事件，将导致巨大的财务损失。从财务管理的角度来看，企业需要在保险成本和潜在风险之间寻找平衡点。为了应对这一挑战，企业需要加强风险评估能力，增加相关的人力和技术投入，这些投入虽然会增加短期成本，但有助于企业更精准地评估风险，优化保险策略，从长远来看可以降低整体风险管理成本。

保险费用的上涨还推动了企业加大对风险防范和减缓措施的投资，企业可能会增加在防灾设施、应急系统和员工培训等方面的投入以降低潜在损失，从而获得更有利的保险条款或降低保险需求。这些投资虽然会增加企业的资本支出和运营成本，但可以提高企业的整体抗风险能力，长期来看可以降低保险费用和潜在损失。从财务报表的角度来看，这些投资表现为固定资产增加和相关折旧费用的上升，以及现金流量表中投资活动现金流出的增加。企业还可以考虑调整其业务布局和供应链结构，将部分高风险资产或业务转移到气候风险较低的地区以降低整体保险成本，这种战略调整虽然涉及大规模的资产重组和一次性费用支出，但从长期来看有助于优化企业的风险结构和成本结构。

面对保险费用上涨带来的财务压力，企业需要考虑其他风险转移和融资方式。例如，企业可以探索使用巨灾债券、天气衍生品等金融工具来分散风险，虽然这些工具可能增加企业的金融复杂性和相关管理成本，但可以为企业提供更灵活的风险管理选择。企业需要重新评估其资本结构和融资策略以应对保险成本上升带来的财务压力，这可能涉及增加现金储备、调整债务结构或寻求新的融资渠道。从财务管理的角度来看，企业需要在风险管理、成本控制和财务灵活性之间找到平衡点。保险费用上涨对企业财务的影响是多方面的，不仅直接增加了运营成本，还会影响企业的投资决策、风险管理策略和资本结构。企业需要采取综合性的应对措施，包括优化保险策略、加强风险防范、调整业务结构和探索替代性风险管理工具等，以维持财务健康和业务的可持续性。

5.2.4 合规成本增加对利润的影响

随着全球气候变化问题日益严峻，各国政府和监管机构不断加强环境保护与碳排放相关法规，导致企业面临的合规成本显著增加，对利润产生了直接的影响。这些新增的合规成本主要包括碳排放权购买费用、环保设备升级改造支出、环境影响评估费用，以及相关的监测和报告成本等。对于高碳排放行业的企业，如能源、制造和化工等领域，合规成本的增加尤为显著，这些成本直接反映在企业的利润表中，增加了运营费用，降低了利润率。从财务角度来看，合规成本的增加不仅影响当期利润，还会影响企业的长期盈利能力和竞争力。例如，为符合更严格的排放标准，企业需要投资新的清洁技术或生产设备，这不仅增加了资本支出，还可能导致折旧费用上升，进一步压缩利润空间。

为应对合规成本增加带来的财务压力，企业需要采取多方面的策略，提高能源效率和减少碳排放是最直接的应对方式，可以通过优化生产流程和采用节能技术等手段实现。虽然这些措施需要前期投入，增加短期成本，但长期来看可以降低企业的碳排放量，减少碳排放权购买支出和其他相关合规成本。从财务管理的角度来看，企业需要对这些投资进行详细的成本效益分析，权衡短期成本增加与长期收益。另一种策略是开发低碳或零碳产品，虽然该策略可能增加研发支出和生产成本，但可以帮助企业在日益严格的环境法规下保持竞争优势，并开拓新的市场，这种产品转型策略可能导致企业的收入结构和成本结构发生变化，需要相应调整财务预算和绩效评估体系。

企业还可以通过优化内部管理流程来降低合规成本，建立健全的环境管理体系，加强员工培训，以提高企业的环境合规效率，减少不必要的罚款和处罚。虽然这些措施可能增加短期管理成本，但长期来看可以降低合规风险，减少潜在的财务损失。企业还可以考虑引入专业的环境合规管理软件和工具，增加 IT 投入，但可以提高合规管理的效率和准确性，从长远来看可能降低整体合规成本。从财务报表的角度来看，这些投入可能表现为管理费用或无形资产的增加，但可以通过减少潜在的罚款和提高运营效率来获得回报。

面对不断增加的合规成本，企业还需要重新评估其业务组合和地理布局，一些高碳排放或环境敏感度高的业务将面临更高的合规成本和风险，企业需要考虑逐步减少或撤销这些业务。虽然这种业务调整可能导致短期收入下降和资产减值损失，但可以优化企业的成本结构和风险状况。企业可以考虑将部分生产或运营转移到环境法规相对宽松的地区以降低整体合规成本，这种地理布局的调整涉及大额的资本支出和重组成本，但可以帮助企业在全球范围内优化其成本结构。从财务管理的角度来看，企业需要在合规成本、运营效率和市场机会之间寻找平衡点。合规成本的增加对企业利润的影响是多方面的，不仅直接增加了运营成本，还可能影响企业的投资决策、产品策略和业务布局。企业需要采取综合性的应对措施，包括技术创新、流程优化、产品转型和战略调整等，以便在日益严格的环境法规下维持财务健康和竞争优势。此外，企业还需要加强与监管机构的沟通，积极参与政策制定过程，以便更好地预测和应对未来的合规要求，降低长期合规成本对利润的影响。

5.3 气候相关收入变化的财务影响

5.3.1 消费者偏好转变导致的收入变化

气候变化正在深刻影响消费者的购买行为和偏好，进而对企业的收入产生重大影响。越来越多的消费者开始关注产品的环境影响和企业的可持续发展实践，倾向于选择更加环保、低碳的产品和服务，这种消费者偏好的转变不仅直接反映在企业的销售收入上，而且对不同行业和企业产生了不同程度的影响。对于能够及时调整产品策略，提供符合新消费趋势的环保产品企业来说，这种偏好转变能够带来收入增长的机会，如新能源汽车、可再生能源设备和有机食品等领域的企业可能会看到销售额的显著增长。相反，那些依赖高碳排放或环境不友好产品的企业将面临收入下滑的风险。从财务报表的角度来看，这种收入变化不仅影响企业的营业收入总额，还可以改变收入的构成，导致不同产品线或业务部门的盈利能力发生变化。

为了适应消费者偏好的转变，并维持或提高收入水平，企业需要在产品开发、市场营销和品牌定位等方面作出相应调整，开发和推广更加环保的产品线需要增加研发投入和营销费用，这在短期内将增加成本，影响利润率，然而从长期来看，这种投资有助于企业保持市场竞争力，获得更高的市场份额和品牌溢价。企业还需要重新评估其定价策略，因为环保产品通常具有更高的生产成本。如何在保持价格竞争力的同时确保利润率是企业面临的一大挑战。从财务管理的角度来看，企业需要详细分析新产品的投资回报，平衡短期成本增加与长期收益，企业需要调整其财务预算和绩效评估体系，更加重视可持续发展的相关指标，促成长期战略转型。

消费者偏好的转变还会导致企业的收入结构和客户群发生变化，一些传统产品的销售量可能下滑，而新的环保产品线可能成为收入增长的主要来源，这种收入结构的变化将影响企业的现金流模式和应收账款周转率等财务指标。企业需要相应调整其营运资金管理策略，以适应新的业务模式，而环保意识较强的消费群体可能有不同的消费行为和支付习惯，企业需要调整其信用政策和收款策略。从财务风险管理的角度来看，收入来源的多元化有助于分散风险，但也可能带来新的挑战，如新市场的波动性和不确定性增加，企业需要加强财务预测和风险评估能力以更好地应对这些变化。

为了更好地把握消费者偏好转变带来的机遇并降低风险，企业还需要加强市场研究和消费者洞察能力，这涉及增加相关的数据分析投入和市场调研费用，但可以帮助企业更准确地预测市场趋势，优化产品组合和库存管理，从而提高收入质量和盈利能力。企业还可以考虑通过并购或战略合作来快速获得环保技术或进入新的细分市场，这可能涉及大额的投资支出和财务风险。从财务管理的角度来看，企业需要在有机增长和外部扩张之间找到平衡，确保资金的有效配置。此外，消费者偏好转变对企业收入的影响深远，不仅直接影响销售额，还能改变企业的业务模式、收入结构和风险状况。企业需要采取全面的策略来应对这些变化，包括产品创新、市场定位调整和财务管理优化等，力求在不断变化的市场环境中保持财务健康和竞争优势。企业还需要加强与消费者的沟通，提高透明度以建立可持续的品牌形象，这可能需要增加相关的市场沟通和品牌建设投入，但长期来看有助于提升品牌价值和客户忠诚度，从而维持稳定的收入增长。

5.3.2 气候政策对产品需求的影响

随着全球气候变化问题的日益严峻，各国政府纷纷出台相关政策以应对这一挑战，这些政策对企业产品需求产生了深远影响，进而影响企业的财务状况。碳税、碳排放交易系统和能效标准等政策措施直接改变了市场对不同产品的需求结构，从而使低碳、节能产品的需求显著增加，导致高碳排放和能耗高的产品需求面临下降压力。这种需求变化直接反映在企业的销售收入上，对不同行业和企业产生了不同程度的影响。新能源、清洁技术和节能设备等领域的企业将迎来收入增长机会，而传统化石能源和高耗能制造业等领域的企业则可能面临收入下滑风险。从财务报表的角度来看，这种需求变化不仅影响企业的营业收入总额，还可能导致收入结构发生显著变化，一些产品线将被逐步淘汰，而新的环保产品线可能成为主要收入来源，这种收入结构的转变可能影响企业的毛利率、现金流模式和营运资金需求，需要财务管理部门及时调整相关策略。

为应对气候政策带来的产品需求变化，企业需要在产品开发、生产线调整和市场策略等方面作出相应调整，开发符合新政策要求的产品可能会增加研发投入成本，影响利润率，改造现有生产线以满足更严格的能效标准可能涉及大额资本支出，影响企业的现金流和资本结构。从财务管理角度来看，企业需要仔细评估这些投资的回报周期和风险，平衡短期财务压力与长期竞争力提升，企业需要调整其定价策略，财务部门需要与市场营销部门密切合作，制定灵活的定价策略以适应不同市场的需求变化和竞争态势。

气候政策对产品需求的影响还可能引发企业的市场地位和竞争格局的变化，能够快速适应新政策要求、提供符合标准的产品的企业可能获得市场份额的增长，适应能力较弱的企业则可能面临市场份额下降的风险。这种市场地位的变化直接影响企业的收入规模和盈利能力。从财务风险管理的角度来看，企业需要密切关注政策变化趋势，评估不同情景下的财务影响，并制定相应的风险应对策略，企业需要考虑通过并购或战略合作的方式快速获取新技术或进入新市场，以应对政策带来的挑战，这可能涉及大额的投资支出和财务风险，需要财务部门进行全面的尽职调查和风险评估。

为了更好地把握气候政策带来的机遇并降低风险，企业还需要加强政策研究和预测能力，这可能涉及增加相关的政策分析投入和外部咨询费用，虽然这些投入会增加短期成本，但可以帮助企业准确地预测政策趋势，提前调整产品策略和生产计划而提高收入质量和盈利能力。企业还可以考虑主动参与政策制定过程，通过行业协会等渠道影响政策走向以创造更有利的经营环境。从财务管理的角度来看，企业需要建立灵活的预算和资源配置机制以快速响应政策变化带来的市场机会和挑战，气候政策对产品需求的影响深远，不仅直接影响销售收入，还能改变企业的业务模式、市场地位和风险状况。企业需要采取全面的策略来应对这些变化，包括产品创新、生产调整和市场重新定位等，以便在不断变化的政策环境中保持财务健康和竞争优势。企业还需要加强与政府、行业协会和其他利益相关方的沟通，以更好地把握政策导向，这需要增加相关的公共关系投入，但长期来看有助于降低政策风险，维持收入稳定增长。

5.3.3 极端天气事件造成的收入中断

气候变化导致的极端天气事件发生频率和强度增加，对企业的正常经营和收入产生了严重影响，其中，暴雨、洪水、干旱和热浪等极端天气事件可能导致企业生产设施受损、供应链中断和物流受阻，从而造成收入中断。这种收入中断不仅直接影响企业的短期财务表现，还对长期财务的稳定性产生深远影响。从财务报表的角度来看，极端天气事件导致企业的营业收入出现突然下滑，利润率受到压缩，现金流状况恶化，在一些情况下收入中断可能持续数周甚至数月，对企业的年度财务业绩造成显著影响。极端天气事件还导致应收账款回收困难、存货损失和固定资产减值等问题，进一步加剧财务压力，对于严重依赖特定地理位置或季节性经营的企业如农业、旅游业和建筑业等，极端天气事件造成的收入中断风险尤为突出。

为了应对极端天气事件造成的收入中断风险，企业需要制定全面的风险管理策略和应急预案。从财务管理的角度来看，建立充足的现金储备和维持灵活的信贷额度变得尤为重要，以确保在收入中断期间能够维持基本运营和履行财务义务。企业需要调整其营运资金管理策略，优化存货水平，加强应收账款管理以提高财务抗风险能力。企业应考虑购买相关保险如业务中断保险和财产保险等，以转移部分风险。这些保险可以在极端天气事件发生时提供重要的财务缓冲。从长期来看，企业需要增加对基础设施和设备的投资，提高其抗灾能力，这可能涉及大额资本支出，需要财务部门进行详细的成本效益分析和风险评估。

极端天气事件造成的收入中断还可能影响企业的市场地位和客户关系。如果企业无法及时恢复正常经营，可能面临市场份额和客户流失的风险。这种影响可能持续到极端天气事件结束后很长一段时间，对企业的长期收入增长和盈利能力产生负面影响。从财务风险管理的角度来看，企业需要评估不同情景下的财务影响，包括收入中断的持续时间和市场份额恢复的速度等因素，并制定相应的财务应对策略，企业需要加大市场营销和客户关系管理方面的投入，以维护品牌形象和客户忠诚度，这些投入对于恢复和稳定长期收入至关重要。

为了更好地应对极端天气事件带来的挑战，企业还需要加强气候风险评估和预测能力，这涉及增加相关的数据分析投入和外部专家咨询费用，但可以帮助企业更准确地评估潜在风险，优化资源配置和业务规划，提高整体抗风险能力和财务韧性。企业还可以考虑多元化经营策略，通过地理分散或业务多样化来降低单一极端天气事件对整体收入的影响。从财务管理的角度来看，企业需要在风险分散和运营效率之间找到平衡，确保资金的有效配置。极端天气事件造成的收入中断对企业的财务影响是多方面的，不仅直接影响短期收入和利润，还可能改变企业的风险状况和长期发展轨迹。企业需要采取全面的策略来应对这些挑战，包括加强财务缓冲、优化风险管理和提高运营韧性等，以便在日益复杂的气候环境中保持财务健康和竞争优势。企业还需要加强与供应商、客户和其他利益相关方的沟通和协作，建立更加灵活和更具韧性的业务生态系统，这可能会增加相关的协调和管理成本，但长期来看有助于提高整个价值链的抗风险能力。

5.3.4 新兴气候相关市场机会

气候变化带来挑战的同时也为企业创造了新的市场机会。其中，低碳技术、可再生能源、节能产品和环保服务等领域需求的快速增长，为企业带来了新的收入来源和业务增长点，这些新兴市场机会不仅可以帮助企业增加收入，还可以提高利润率，改善现金流状况，从而对企业的整体财务表现产生积极影响。从财务报表的角度来看，这些新兴市场导致了企业的收入结构发生显著变化，新的业务线将成为主要的利润贡献者。例如，清洁能源设备制造商可能看到其可再生能源产品线的收入占比大幅提升，而传统能源产品线的收入占比下降，这种收入结构的转变可能影响企业的毛利率、资产周转率和资本结构，需要财务管理部门及时调整相关策略。由于新兴市场通常具有高增长和高毛利的特点，企业需要重新评估其投资回报率和资本配置策略。

为了抓住这些新兴市场机会，企业需要进行大规模的战略调整和投资。从财务管理的角度来看，这涉及增加研发投入、扩大生产能力、收购相关技术或企业和开拓新的销售渠道等，这些投资行为会对企业的现金流和财务杠杆产生压力。因此，企业需要仔细评估这些投资的风险和回报，平衡短期财务压力与建立长期竞争优势。由于新兴市场通常存在较高的不确定性，企业需要采取更灵活的财务策略如阶段性投资、联合研发和风险投资等，以分散风险并保持财务灵活性。企业还需要考虑如何为这些新投资筹集资金，可能涉及发行绿色债券、寻求战略投资者和申请政府补贴等多种融资方式，这些都需要财务部门进行全面的财务规划和风险评估。

新兴气候相关市场机会还可能改变企业的商业模式和价值创造方式。例如，一些企业从传统的产品销售模式转向提供综合解决方案或服务模式，这可能引起收入确认方式、现金流模式和营运资金需求的变化。从财务管理的角度来看，企业需要调整其财务报告和分析框架，以准确反映新业务模式的财务表现和风险特征。另外，企业需要建立新的财务指标和业绩评估体系，以便更好地衡量和管理新业务的价值创造能力。由于新兴市场通常涉及跨行业和跨领域的创新，企业需要加强与外部合作伙伴的协作，这涉及复杂的收入分成和成本分担安排，需要财务部门制定相应的会计处理和财务管控措施。

为了更好地把握新兴市场机会并管理相关风险，企业还需要加强市场研究和趋势预测能力，这可能涉及增加相关的数据分析投入和外部咨询费用，但可以帮助企业更准确地评估市场潜力，优化产品和服务组合从而提高收入质量和盈利能力。企业还可以考虑设立专门的创新基金或内部孵化器，以支持新兴市场机会的探索和开发。从财务管理的角度来看，企业需要建立灵活的预算和资源配置机制以快速响应市场变化和新机会。新兴气候相关市场机会为企业提供了重要的增长动力，但也带来了新的财务挑战和风险。企业需要采取全面的策略来把握这些机会，包括调整业务结构、优化投资策略和创新商业模式等，以便在快速变化的市场环境中实现可持续的财务增长。企业还需要加强与政府、行业协会和其他利益相关方的沟通，更好地把握政策导向和市场趋势。

5.4 气候变化对企业融资的影响

5.4.1 绿色债券和可持续发展挂钩债券的应用

在应对气候变化的背景下，绿色债券和可持续发展挂钩债券作为创新型融资工具，正日益受到企业和投资者的青睐。绿色债券专门用于为环保项目筹集资金，可持续发展挂钩债券则将利率与企业可持续发展目标的实现程度挂钩，这两类债券为企业提供了新的融资渠道，有助于降低融资成本，优化资本结构并提升企业在资本市场的声誉。从财务管理的角度来看，发行这类债券可能带来多方面的影响。一方面由于投资者对环境友好型项目的偏好，绿色债券通常能够获得更低的融资成本，直接降低了企业的利息支出，有利于提高净利润；另一方面可持续发展挂钩债券的利率与企业可持续发展表现挂钩，这为企业创造了通过改善环境绩效来降低融资成本的动力。从长期来看，这种融资方式将推动企业更加重视可持续发展战略，从而影响投资决策和资源配置。

绿色债券和可持续发展挂钩债券的应用还可能对企业的财务报告与披露实践产生深远影响，发行这类债券通常需要企业提供更详细的环境信息披露，包括绿色项目的具体用途、预期环境效益以及可持续发展目标的进展情况。这可能增加企业财务报告的复杂性和相关成本，同时也提高了企业财务信息的透明度和可信度。从风险管理的角度来看，更全面的信息披露有助于投资者更准确地评估企业的环境风险和机遇，可能降低企业的融资风险溢价。为了满足这些债券的发行要求，企业需要建立更完善的环境管理和报告系统，这会提高企业的整体管理效率和风险控制能力。

绿色债券和可持续发展挂钩债券的应用还可能影响企业的投资决策与项目评估流程，传统的投资评估方法主要关注财务回报，而这些新型融资工具的应用可能促使企业更多地考虑项目的环境和社会效益。从财务管理的角度来看，这需要企业调整其资本预算和项目筛选标准，将环境因素纳入投资决策框架中。例如，企业需要开发新的评估工具来量化项目的环境效益，或者在净现值计算中考虑碳定价的影响，这种转变导致企业更多地投资环保技术和清洁能源项目，从而改变企业的资产结构和风险状况。由于这些项目通常具有较长的投资回收期和较高的前期成本，企业需要调整其现金流管理策略以适应新的投资模式。

为了更好地利用绿色债券和可持续发展挂钩债券，企业还需要加强与评级机构、第三方认证机构和投资者的沟通，这涉及增加相关的咨询费用和市场营销支出。虽然这些投入会增加短期成本，但可以帮助企业更好地设计债券结构，提高发行成功率并建立长期的投资者关系。从财务管理的角度来看，企业需要评估这些额外成本与潜在融资成本节约之间的平衡，另外，企业还需要考虑如何将这些新型融资工具纳入整体资本结构策略，可能涉及调整债务期限结构和优化资金来源组合等。绿色债券和可持续发展挂钩债券的应用不仅为企业提供了新的融资渠道，还推动了企业整体财务管理实践的转型，包括改变投资决策流程、优化资本配置和加强环境风险管理等。这种转变可能会增加某些成本和管理的复杂性，但长期来看有助于提高企业的财务韧性和可持续竞争力，为企业在低碳经济转型中创造新的价值增长机会。

5.4.2 气候因素对贷款条件的影响

金融机构在评估贷款申请时越来越多地考虑气候相关风险和机遇，这种趋势对企业的融资成本、融资可得性以及整体财务状况产生了深远影响。从风险评估的角度来看，银行和其他贷款机构开始将气候变化风险纳入信用评级模型，包括物理风险（如极端天气事件导致的资产损失）和转型风险（如政策变化和技术进步导致的资产贬值）。这意味着高碳排放或气候风险敞口较大的企业可能面临更高的融资成本或更严格的贷款条件。例如，位于易受气候变化影响地区的企业可能需要提供更多抵押品或购买额外保险，以获得贷款批准；相反，那些积极应对气候变化以及具有良好环境表现的企业可能获得更优惠的贷款条件，如更低的利率或更长的还款期，这种差异化定价机制直接影响企业的利息支出和现金流状况，进而影响其盈利和投资能力。

气候因素对贷款条件的影响还体现在贷款协议的具体条款上。越来越多的贷款协议开始纳入与气候相关的契约条款，如要求借款人定期报告温室气体排放情况、设定排放减少目标或维持一些环境绩效指标，这些条款不仅增加了企业的合规成本，还可能影响其运营决策和投资策略。从财务管理的角度来看，企业需要仔细评估这些新增条款对财务灵活性的影响，并需要调整内部控制和报告系统以满足新的要求。一些贷款机构开始提供可持续发展挂钩贷款，其利率与借款人的可持续发展目标实现程度挂钩，这种创新型贷款产品为企业提供了通过改善环境绩效来降低融资成本的机会，但也增加了财务管理的复杂性。企业需要权衡潜在的利率优惠与实现可持续发展目标所需投入之间的关系，这可能涉及复杂的成本效益分析和财务规划。

气候因素对贷款条件的影响还延伸到行业和供应链层面。金融机构越来越关注企业所处行业的气候风险暴露程度以及企业在供应链中的位置。对于那些被视为“棕色资产”（即高碳排放或环境风险高的资产）较多的行业，行业内企业可能面临融资困难或成本上涨，这将导致某些行业的资本成本整体上涨，影响行业的竞争格局和投资吸引力。从财务管理的角度来看，企业需要密切关注行业趋势，评估气候因素对行业整体融资环境的影响并制定相应的应对策略。例如，企业可能需要考虑调整业务组合，减少高碳资产的比重或加大对清洁技术的投资。企业还需要关注供应链合作伙伴的环境表现，因为金融机构可能将整个价值链的气候风险纳入考虑，这就要求企业加强供应链管理，甚至为上下游合作伙伴提供财务支持或技术援助，以降低整体供应链的气候风险。

为了更好地应对气候因素对贷款条件的影响，企业需要提高气候相关风险的识别、评估和管理能力，这可能涉及投资新的风险评估工具、培训财务人员或聘请外部专家，这可以帮助企业更好地把握融资机会，降低融资成本。企业还需要加强与金融机构的沟通，主动披露气候相关信息，展示气候风险管理能力。从财务规划的角度来看，企业需要重新评估长期融资策略，考虑更多元化的融资渠道如绿色债券和可持续发展挂钩贷款等，企业还需要将气候因素纳入资本预算和投资决策过程，考虑气候风险对项目现金流和融资成本的潜在影响。气候因素对贷款条件的影响正推动企业财务管理实践的深刻变革，要求企业采取更全面和更具前瞻性的财务风险管理方法，将气候因素与传统财务考量有机结合，以便在不断变化的融资环境中保持竞争优势。

5.4.3 投资者对气候风险的关注及其影响

投资者对气候风险的日益关注深刻影响着企业的融资环境和财务管理实践。随着气候变化对经济和社会的影响愈发明显，投资者将气候相关风险和机遇作为投资决策的重要考量因素，这种趋势对企业融资产生了多方面的影响。在股权融资方面，气候风险表现较差的企业将面临投资者撤资或要求更高风险溢价的压力，这可能导致股价下跌或融资成本上升。相反，那些积极应对气候变化且具有良好环境表现的企业更容易吸引投资者，获得更高的估值倍数。从财务管理的角度来看，这种变化要求企业更加重视气候风险管理和相关信息披露以满足投资者的期望。企业可能需要增加在环境管理系统、可持续发展报告及气候相关财务信息披露方面的投入，这有助于提高长期融资能力和降低资本成本。

投资者对气候风险的关注还推动了新型投资产品和策略的发展，如 ESG 投资和气候主题基金等，这些投资工具的兴起为企业提供了新的融资机会，同时也带来了新挑战。企业需要适应这些投资者的特定要求和评估标准，这可能涉及调整业务战略、改进环境绩效指标或加强与投资者的沟通。从财务规划的角度来看，企业需要重新评估长期融资策略，考虑如何利用这些新兴的融资渠道。如企业可能考虑发行绿色债券或可持续发展挂钩债券以吸引 ESG 投资者，这不仅可降低融资成本，还可帮助企业拓宽投资者基础，提高融资的稳定性和多样性。然而，这也要求企业加强内部控制和报告系统，以确保能够准确、及时地提供投资者所需的气候相关信息。

投资者对气候风险的关注还影响了企业的资产估值和投资决策。投资者越来越多地要求企业披露气候风险对资产价值的潜在影响，包括物理风险和转型风险，这可能导致某些高碳资产的价值被重新评估，影响企业的资产负债表和财务状况。从财务管理的角度来看，企业需要更加谨慎地评估长期资产投资，考虑气候变化带来的资产减值风险，这可能涉及调整资本预算方法，将气候因素纳入投资决策框架。例如，企业需要在净现值计算中考虑碳价格的潜在影响，或者对高碳资产设定更短的折旧期，投资者的关注也推动企业更多地投资低碳技术和清洁能源项目，这可能改变企业的资产结构和风险状况，此外，企业需要权衡这些投资的长期战略价值与短期财务回报，可能涉及复杂的财务分析和风险评估。

为了更好地应对投资者对气候风险的关注，企业需要加强气候相关风险的识别、评估和管理能力。这可能涉及建立专门的气候风险管理团队、开发新的风险评估工具或与外部专家合作。从财务管理的角度来看，企业需要将气候风险管理与传统财务风险管理相结合，可能涉及调整风险管理框架、改进财务模型或重新设计绩效指标。企业还需要加强与投资者的沟通，主动披露气候相关信息，展示气候风险管理能力。这可能需要企业投入更多资源用于投资者关系管理，如组织专题投资者日和发布专门的气候风险报告等，这可以帮助企业建立投资者信任，降低融资成本，提高市场估值。投资者对气候风险的关注正推动企业财务管理实践的深刻变革，要求企业采取更全面和更具前瞻性的方法来管理财务风险与机遇，将气候因素与财务考量有机结合，以便在不断变化的投资环境中保持竞争优势和吸引力。

5.4.4 气候相关信息披露对融资的重要性

随着投资者和金融机构对气候风险的认识不断深化，对企业气候相关信息的需求也随之增加，充分且透明的气候信息披露不仅有助于投资者和贷款机构更准确地评估企业的风险状况，还能够提高企业在资本市场的信誉和吸引力。从财务管理的角度来看，高质量的气候信息披露可以帮助企业降低融资成本，增加融资渠道。例如，一些研究表明，气候信息披露水平较高的企业通常能够获得更低的贷款利率和更高的股票估值，这种影响在一些高碳排放行业尤为明显，良好的气候信息披露可能成为企业在激烈的融资竞争中脱颖而出的关键因素。因此，企业需要将气候信息披露视为财务战略的重要组成部分，投入必要的资源来提高披露质量和深度。

气候相关信息披露对融资的重要性还体现在其对企业风险管理能力的展示作用，全面且详细的气候信息披露可以向投资者和贷款机构传达企业对气候风险的认识水平与管理能力，包括企业如何识别和评估气候风险，如何将气候因素纳入战略规划和决策过程，以及采取了哪些具体措施管理和减缓气候风险。从财务管理的角度来看，高质量的气候信息披露可以帮助企业降低融资风险溢价，投资者和贷款机构会将企业的气候风险管理能力纳入风险评估模型。气候信息披露还可以帮助企业识别自身在气候风险管理方面的不足，促进内部改进和创新，这可能涉及调整业务模式、优化资产组合或投资新技术，使企业的抗风险能力和融资吸引力不断提升。

气候相关信息披露的重要性还延伸到企业的市场定位和品牌价值。良好的气候信息披露可以提升企业的声誉和品牌形象，从而间接影响企业的融资能力。从财务管理的角度来看，良好的品牌形象可以转化为无形资产价值，提高企业的市场估值，进而降低融资成本。例如，一些研究表明，被认为是可持续发展领导者的企业通常能够获得更高的市盈率和更低的资本成本。积极的气候信息披露还可以帮助企业吸引和留住人才，特别是那些对气候问题关注度高的年轻人才，这对企业的长期发展和融资能力也有积极影响。因此，企业在制定气候信息披露策略时，需要考虑其对品牌价值和人才吸引力的潜在影响，将其视为提升整体财务表现的重要途径。

为了充分发挥气候相关信息披露对融资的重要作用，企业需要采取系统化和专业化的方法。这可能涉及建立专门的气候信息披露团队、开发新的数据收集和分析工具或与外部专家合作。从财务管理的角度来看，企业需要权衡信息披露的成本和收益，考虑如何最有效地分配资源以提高披露质量。企业还需要关注气候信息披露标准的发展趋势（如 TCFD 建议）等，并及时调整披露策略以满足不断变化的市场期望。企业还可以考虑将气候信息披露与财务报告相结合，展示气候因素如何影响企业的财务状况和业绩，这种整合性披露不仅可以提高信息的可信度和实用性，还可以帮助投资者和贷款机构更全面地评估企业的长期价值创造能力。高质量的气候相关信息披露已成为企业融资战略的关键组成部分，对企业的融资能力、成本和整体财务表现产生深远影响。

第 6 章 投资者视角下的气候与财务风险管理

6.1 投资组合对气候风险的敞口评估

6.1.1 定义投资组合中的气候风险类型

在评估投资组合的气候风险时，需要先明确存在的主要气候风险类型，并分析这些风险对投资组合的潜在影响程度，即风险敞口。投资组合的气候风险主要包括物理风险、过渡风险和声誉风险三大类。其中，物理风险指由气候变化直接导致自然灾害和极端天气事件对投资资产造成的直接损失或价值波动，如海平面上升可能淹没沿海地区的房地产资产，高温和干旱可能影响农业投资的收益；过渡风险指在向低碳经济转型过程中，由于政策变化、技术革新和市场偏好转变等因素对投资资产价值产生的间接影响，如碳税政策可能增加化石燃料企业的运营成本，新能源技术的突破可能使部分传统能源资产面临提前报废；声誉风险则指由于公司或投资组合未能有效应对气候变化而导致的负面舆情，可能影响品牌价值、客户忠诚度和投资者信心。

识别出主要气候风险类型后，需要进一步评估这些风险对组合中各项资产的影响程度，即确定风险敞口。这需要考虑资产的地理位置、所属行业和业务类型等特征，以及在极端天气事件和政策变化等情景中的脆弱性。通过情景分析和压力测试等方法可以量化评估气候风险对投资组合的整体影响，帮助投资者直观地了解在不同风险水平下，组合的潜在损失或收益变化情况。

气候风险类型与风险敞口的分析结果可以为投资组合的风险管理提供重要参考，不仅可以识别投资组合中暴露于高风险的资产类别和行业或地区，还能有针对性地制定风险缓释措施。基于对不同资产气候风险敞口的认识，可以调整投资组合中的资产权重，降低整体的气候风险暴露度，并且可以针对特定的气候风险类型和敞口特征，开发相应的金融对冲工具如气候保险和天气衍生品等，以便转移或对冲潜在的损失。在投资决策过程中，将气候风险敞口作为重要的考虑因素，优先选择气候韧性更强的资产，提升组合的整体抗风险能力。

通过将气候风险类型与风险敞口的分析有机结合，投资者可以更全面和准确地评估投资组合面临的气候风险，并制定有效的风险管理策略，这不仅有助于维护投资组合的价值稳定，还能帮助投资者抓住气候变化背景下的投资机会，实现可持续的长期回报。通过积极管理气候风险投资可以提升其在可持续投资领域的声誉，吸引更多注重 ESG 因素的投资者，从而在竞争日益激烈的投资市场中保持优势。

6.1.2 量化投资组合的财务风险

为了有效管理投资组合的气候风险，需要对风险进行量化评估。通过构建模型和开展情景分析，可以预测不同气候事件对投资组合的潜在财务影响，为投资决策提供数据支持。量化投资组合气候风险的关键步骤和方法见表 6-1。

表 6-1 量化投资组合气候风险的关键步骤和方法

步骤	方法	描述
1. 建立气候风险指标体系	- 碳排放强度 - 环境敏感度 - 气候灾害频率和强度 - 能源效率 - 资源依赖程度 - 政策和法规风险	确定一套与投资组合相关的气候风险指标，用于评估各项资产的脆弱性和风险敞口。通过评估这些指标可以初步识别出组合中的高风险资产并量化其风险敞口
2. 构建气候风险量化模型	- 回归分析 - 蒙特卡洛模拟 - 压力测试	在指标体系的基础上构建量化模型，估算气候风险对投资组合的潜在影响。模型需综合考虑各种历史数据、科学预测和市场信息，尽可能准确地量化气候风险的财务影响

（续表）

步骤	方法	描述
3. 开展情景分析	- 物理风险情景 - 转型风险情景	通过设定不同的气候变化情景，模拟极端天气事件或政策变化对投资组合的影响。多情景分析有助于投资者更全面地了解组合在不同气候风险下的表现，并据此调整策略
4. 考虑风险的关联效应	- 网络分析 - 系统性风险评估	考虑不同气候风险之间的关联效应，量化风险的传导路径和累积影响，全面评估组合的系统性风险。例如，分析极端天气事件如何通过供应链中断影响多个行业的投资收益

通过这种系统化的量化方法，投资者可以更好地理解和管理投资组合中的气候风险，为可持续投资决策提供坚实的数据基础。

6.1.3 风险敞口的行业分析

对投资组合中的气候风险敞口进行行业分析是识别哪些行业更容易受到气候变化影响的关键步骤。不同的行业暴露在各类气候风险中的程度不同，一些行业容易受到极端天气事件、气温变化、海平面上升和政策变化等因素的影响，因此进行风险敞口的行业分析可以帮助发现那些暴露在较高风险中的行业。农业行业往往对气候变化极为敏感，气温上升、降水异常、干旱、洪水和风暴等自然灾害会直接影响作物的生长周期、产量和质量，导致产量下降或作物损失，而气候变化引发的病虫害或植物病理变化也可能影响农业生产，使农民和农业相关企业面临生产成本增加和收入下降的风险，因此农业企业在投资组合中通常属于高风险资产，需要特别关注。

保险行业的风险敞口也相对较高，极端天气事件的频繁发生，包括飓风、洪水和火灾等，导致保险公司承保的财产损失和赔偿需求显著增加，这可能加剧其负担。保险公司面临在定价和承保方面的困难，需要制定更为谨慎的风险评估和管理策略，以便在保证客户服务的同时维持盈利能力。房地产业则面临海平面上升、洪水和风暴潮等因素引发的风险，尤其是沿海或低洼地区的房地产资产，可能因持续或极端的环境因素面临显著的价值下降和基础设施损坏风险，同样干旱和极端高温也可能导致用水和用电需求增加，进一步推高这些区域的建筑和物业管理成本。

相比之下，科技和医疗行业通常暴露在较低的气候风险中，科技企业多数拥有全球化和数字化的运营模式，不易受单一地区气候变化的直接影响。医疗行业的需求与气候变化的关联度相对较低，通常受其他宏观经济和人口趋势的驱动更明显，不过科技和医疗行业在供应链上仍需警惕极端天气和运输受阻等因素引发的潜在影响。通过分析不同行业的风险敞口，可以清楚识别投资组合中哪些行业可能受到气候变化的影响，进而调整投资策略和权重。对于高风险行业的投资组合，需加强对各类极端天气、政策变化和市场偏好的评估以提前应对潜在损失，可以通过提高与低风险行业相关的投资比例，构建更具防御性和适应性的投资组合。最终，行业风险分析为优化风险管理和提升投资回报提供了有力依据。

6.1.4 地理分布对风险敞口的影响

投资组合的地理分布显著影响其气候风险敞口。由于地理和气候特征的差异，不同区域对极端天气事件和长期变化的脆弱性各不相同，细致了解这些区域风险的差异有助于投资者优化投资组合以降低潜在的风险暴露。沿海和低洼地区的资产率先面临海平面上升和风暴潮的威胁，随着全球气温的持续升高，极端天气事件的频发使海平面逐渐升高，沿海和低洼地区的洪涝风险也日益增大。这类地区的房地产资产会因为经常遭受洪水侵袭而出现价值损失，基础设施也会因为长期浸水而逐渐老化和恶化。沿海地区的工业和商业企业也可能因为恶劣天气而难以维持正常的生产和运输，进一步放大了这些地区投资组合的风险敞口。

干旱和极端高温等现象对气候干燥与炎热地区的农业和能源产业产生显著影响。这些地区的农业生产依赖季风降雨和地下水源，高温和干旱直接导致产量减少或作物损失，并且增加灌溉用水和作物保护的成本。在能源产业方面，高温可能引发电力需求激增，给电力生产和供应带来巨大压力，尤其在供应链脆弱或电力储备不足的地区，容易出现断电和运营中断。高温和干旱还可能进一步加剧森林火灾，导致更广泛的损失。位于极端天气事件频发地区的企业也面临较高的风险，如热带风暴频发的区域可能使制造业和物流企业遭受工厂停工、设备受损和物流延误等影响；在暴雪多发的地区，极端降雪可能导致交通运输瘫痪，影响产品和原材料的运送。

在评估地理分布对风险敞口的影响时，投资者应充分考虑不同地区的自然灾害历史和未来的气候变化趋势，需要根据各区域的不同特征调整投资策略，减少高风险区域资产的比例。例如，对于沿海和低洼地区的投资组合，应提高对洪水和风暴潮的应对措施，确保设施防护和保险覆盖，同时可以考虑将部分投资转移到内陆区域以降低洪涝风险。对于干旱和高温频发的地区，可以探索更多节水型农业生产方式或增加清洁能源的比重，从而减缓高温和水资源匮乏的影响。通过对投资组合的地理分布和气候风险敞口的分析，投资者能够制定更有效的管理策略，减少潜在损失，并在全球气候变化中保持较强的抗风险能力，这一分析方法为优化投资组合提供了全面视角，有助于实现稳健的长期回报。

6.1.5 策略调整以降低风险敞口

在气候风险评估结果的指导下，投资者需积极调整投资策略以降低投资组合的风险敞口，这样的调整可涉及多个方面，包括增加对可持续企业的投资，减少高风险区域的投资，以及增加对具备气候适应性行业的投资比重。可持续企业的投资潜力日益受到重视，这类企业往往更加关注环境与社会责任，并致力于减少碳排放、提高资源利用效率和采用清洁能源等。投资这类企业既有助于抵御气候变化带来的政策、市场和技术风险，又能顺应全球经济向可持续发展转型的趋势。绿色科技、可再生能源、低碳制造和环保材料等领域的企业已展现出较高的增长潜力与市场竞争力，可以作为投资组合调整的重点对象，增加这类企业在投资组合中的权重，有望实现环境与财务绩效的双重收益。

高风险区域的投资需要谨慎对待，这些区域通常包括海平面上升可能引发洪涝的沿海地区、极端高温或干旱频发的干旱地区、热带风暴和飓风频发的海洋性气候区等，投资者应适当减少在这些区域对房地产、基础设施和传统制造业的投资比例，以降低受极端天气事件和自然灾害直接影响的可能性。面对未来可能出台的更严格的环境法规，这些区域的高排放和高污染产业也面临着较大的政策风险，因此通过降低高风险区域的投资权重，有助于减少投资组合的损失风险。

调整策略时，投资者还应考虑增加对具备较强气候适应能力行业的投资，这些行业包括科技、医疗、教育和服务业等较少受气候变化影响的产业。科技企业在运营和供应链上更加灵活，并具备全球化的市场布局和多样化的客户基础，可以较好地分散气候风险。医疗、教育和服务等行业均由人口和经济增长驱动，对气候变化的敏感度较低，需求相对稳定。环境技术和节能减排设备等行业在各国政策推动下前景可观，有望在适应气候变化的过程中成为重要的增长引擎。

除了行业和地域的调整，风险管理策略的多元化也是必要的。投资者可以采取对冲手段，通过金融衍生品、保险工具或多元化资产配置将风险分散在不同的市场和资产类别，注重资产与环境责任相结合。选择投资标的时，将企业的碳排放和环保绩效作为重要指标，也可以进一步降低潜在的气候风险，通过上述调整策略的措施，投资者能够在应对气候风险时具备更大的主动权与适应能力。整体而言，策略调整的目的在于控制风险，并捕捉新兴市场与技术变革带来的机会，从而实现投资组合的可持续回报。

6.1.6 监控和重新评估策略的重要性

气候变化作为一个动态且长期的过程，为投资组合带来复杂的风险环境。投资者在这种背景下，需要持续监控组合的气候风险，并定期重新评估投资策略，以确保能适应不断变化的风险格局。监控和重新评估策略的重要性体现在气候科学研究的不断更新，最新的科学发现和气候模型能够提供更精确的预测，揭示气候变化的速度与模式。研究表明，某个地区的海平面上升速度高于预期，这会对沿海城市的房地产价值产生显著影响，在这类信息的指导下，投资者可以及早调整资产配置，进而规避潜在损失。科学研究还可以揭示新风险，发现此前未曾考虑的潜在威胁。如极端高温导致电力需求激增，对供应链产生负面影响，定期更新风险认知，能够确保投资者在制定策略时掌握最新信息，从而保持前瞻性。

政策变化也在很大程度上影响投资风险，全球范围内的碳减排目标日益严格，推动各国纷纷出台更加严厉的环保政策，投资者需要密切关注这些政策的发展方向，评估其对不同地区、行业和企业的影响。法规的变化将导致高排放行业的合规成本增加，甚至被迫转型或退出市场，对这些变化的监控和重新评估，将有助于投资者预测高风险行业的趋势，及时调整投资组合。

市场趋势也需要持续追踪。随着消费者环保意识的增强，越来越多的企业开始转向绿色生产与运营，这直接影响资本市场的偏好。例如，绿色科技和可再生能源逐渐受到投资者的青睐，高污染产业则面临声誉与估值受损的双重压力。市场偏好的改变直接影响企业的估值和融资能力，并在资本流向上形成连锁效应，定期监控这些变化，可以帮助投资者了解市场的投资风向，调整投资组合以获得更好的收益和防御能力。

重新评估策略还需要考虑投资组合的长期适应性。随着气候变化的不断演进，资产的风险敞口也会发生变化。例如，一些长期稳定的资产可能因气候变化引发的极端天气事件而变得脆弱，投资者需要保持灵活，确保其策略能应对未来不可预见的风险，运用对冲风险和优化资产配置等手段增强投资组合的抗风险能力。监控和重新评估策略对管理气候风险至关重要。在这一过程中，投资者需要密切关注最新的气候科学研究、政策法规变动及市场趋势，以便对风险变化作出准确评估并制定科学的投资组合策略，使之具备长期适应性和灵活性，从而最大限度降低气候变化带来的潜在损失。

6.2 可持续投资与绿色金融工具

6.2.1 绿色债券及其市场表现

绿色债券是一种为环保项目提供融资的债务工具。近年来，在全球金融市场上绿色债券表现出稳定增长的趋势，吸引了大量关注环境效益的投资者。这类债券广泛应用于可再生能源、清洁交通和水资源管理等环保项目，具备与传统债券相似的回报水平，因其独特的附加环境效益使其在市场上脱颖而出。

在项目范围上，绿色债券主要支持与可持续发展相关的项目和活动。可再生能源包括风能、太阳能和生物能等清洁能源项目，致力于减少对化石燃料的依赖，降低全球碳排放。清洁交通领域的融资支持电动汽车、公共交通系统及低碳排放的基础设施建设。水资源管理项目则包括污水处理、供水网络升级和淡水资源保护等。这些领域的融资需求庞大，绿色债券为它们提供了稳定的资金来源。

在投资者层面上，绿色债券因其双重优势受到广泛青睐，除了获得相对稳定的回报，这类债券还带来了积极的社会与环境效益，契合了全球范围内对可持续发展的追求。ESG 因素逐渐成为投资者的重要考量标准，绿色债券能够直接体现这一理念，符合投资者希望通过投资实现更大社会价值的需求，越来越多的机构投资者将绿色债券纳入资产组合，旨在实现更为多样和稳健的投资策略。

近年来，全球绿色债券市场呈现出持续增长的态势，各国政府、国际组织和金融机构也在积极推动这类工具的发展。通过提供政策和标准支持，绿色债券市场变得更加成熟与规范，这一市场的增长也反映出各界对环保项目融资需求的认识和重视。然而，绿色债券市场的稳定增长仍面临一些挑战，主要挑战之一在于绿色项目的认证与标准化，由于不同地区和机构对绿色项目的定义与标准有所差异，导致绿色债券的认定和评估复杂。为解决这一问题，国际资本市场协会等组织制定了绿色债券原则，旨在提供统一的指导框架，提高市场透明度与投资者信心。

市场对于绿色债券的供需平衡也需要不断优化，当前的供给仍不能满足庞大的全球环保投资需求。为了进一步激发市场潜力，需要更多的政府和企业参与发行绿色债券并引导更多投资者关注这类工具。绿色债券在可持续投资和绿色金融中具有重要地位，其市场表现出色，吸引了大量环境意识强烈的投资者。未来随着全球对可持续发展和环境治理的重视程度不断加深，绿色债券市场有望继续保持增长，为实现可持续发展的目标提供坚实的金融支持。国内绿色债券发行情况如图 6-1 所示。

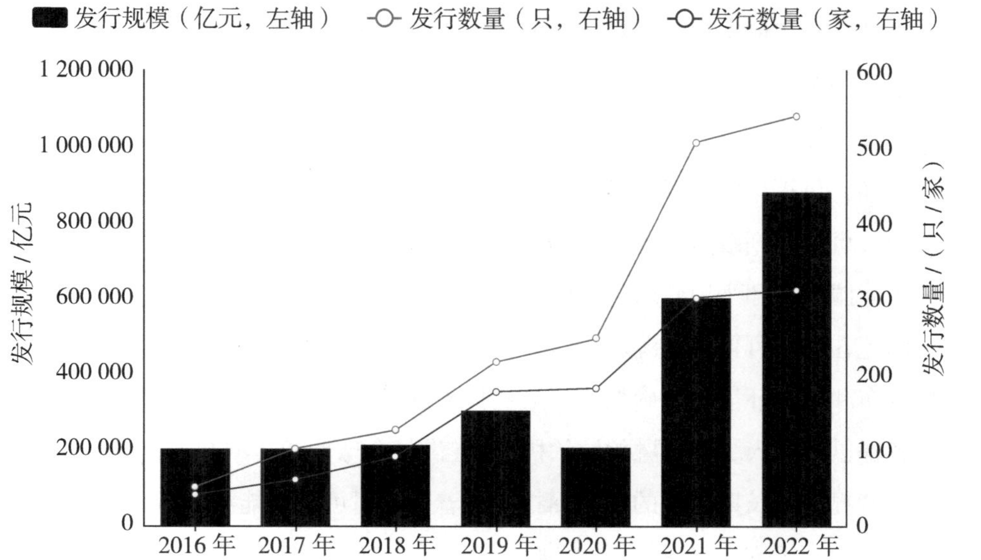

图 6-1　国内绿色债券发行情况

6.2.2 可再生能源投资基金

可再生能源投资基金专注于太阳能、风能和其他可再生能源项目的投资，这类基金不仅满足全球碳减排的需求，还为投资者提供了进入可持续发展领域的渠道。长期来看，这类基金通常能够带来丰厚的财务回报，随着全球对清洁能源需求的不断增加，可再生能源投资基金逐渐成为投资市场的重要组成部分，通过投资风能、太阳能、生物质能和地热能等领域，这类基金为各种规模的清洁能源项目提供必要的资金，支持全球能源结构的低碳转型。例如，太阳能项目涉及大型光伏电站和屋顶太阳能板的安装，风能项目则涵盖陆上和海上风力发电厂的建设与运营。

这些项目的吸引力在于其能以清洁和可持续的方式生产能源，帮助减少对化石燃料的依赖，降低碳排放。许多国家和地区对可再生能源的推广提供政策与财政激励，这类项目能够在初期获得较为稳定的现金流。具体来说，政府可能会提供税收优惠、电价补贴和上网电价等政策支持，确保项目在初始阶段能够顺利运作。随着技术成熟度的提升和规模经济效应的显现，清洁能源项目的建设和运营成本逐渐降低，使其具备长期的经济可行性。对于投资者而言，可再生能源投资基金不仅提供稳定的长期回报，还能满足他们参与可持续发展和环境保护的需求。由于这类基金直接投资具有明显环境效益的项目，它们符合 ESG 投资理念，受到追求社会与环境责任机构投资者的青睐。投资者可以通过基金获得多样化的清洁能源资产组合，从而分散投资风险，并借助专业的基金管理团队确保项目的合规性和可行性。

然而，可再生能源投资基金也面临一些风险和挑战，项目开发与建设需要较长时间，可能受到政策变化、市场波动和技术风险的影响。基金的投资回报通常取决于能源价格和当地政府的激励政策，政策的不确定性可能对收益产生直接影响。因此在选择可再生能源基金时，投资者应综合考虑管理团队的经验、项目的地理分布和政策环境，以确保投资策略具备抗风险能力。可再生能源投资基金为投资者提供了进入绿色金融领域的机会，在满足全球能源转型和减排需求的同时，为投资者提供了长期可观的财务回报。随着全球对可再生能源支持力度的不断增强，以及投资者对 ESG 投资的兴趣与日俱增，这类基金在未来几年有望迎来更加广阔的市场前景。

6.2.3 碳信用和排放权交易

碳信用和排放权交易作为市场化的环保策略，使企业能够在一定范围内购买或出售碳排放配额，这一机制旨在通过市场力量引导资源配置，促进碳排放的减少，并为投资者提供在碳市场中获得收益的新渠道。碳信用和排放权交易的核心在于设置总量控制目标，将企业的碳排放限定在一定的配额范围内。企业初始分配到的配额通常基于其历史排放水平、行业标准或减排目标。无法将排放量控制在配额之内的企业，可以通过购买其他企业多余的配额以满足其排放需求，那些排放低于配额的企业则可以出售多余的配额获得收益，这种灵活的交易机制为不同类型的企业提供了成本优化的手段。

通过这种交易机制，可以激励企业主动减少排放，从而降低整体的碳排放总量。在这一体系下，减排成本较低的企业会积极实施环保措施，以获取额外的排放权收益；减排成本高的企业则可以通过购买配额来达到合规要求。这种方式不仅提高了整个市场的减排效率，还让资金和资源集中用于更具成本效益的项目，最终有利于实现整体减排目标。在全球范围内碳市场的建立与发展得到了各国政府的积极推动，欧盟碳排放交易体系作为最早建立的此类市场，已经运行多年并日益成熟，其成功经验使得更多国家开始建立本国的排放权交易市场，并逐步将其与国际碳市场相结合。在这一框架下，不同区域的碳价格会产生联动效应，形成全球碳交易网络，为减排目标的实现提供更大的灵活性。

碳信用和排放权交易市场不仅推动了碳排放的减少，还为投资者提供了新的收益机会。市场价格的波动和区域差异使碳配额具备投资价值。投资者可以通过直接参与碳市场交易、投资碳信用基金或参与绿色技术项目等方式，从中获取回报。碳市场交易可以通过买入低价区域的碳配额，再在高价区域出售以获取差价；投资碳信用基金可以帮助投资者分散风险，将资本配置到多样化的减排项目上；参与绿色技术项目的开发与投资则直接推动碳市场的发展，确保未来的收益潜力。然而，碳市场交易仍面临一定的风险和挑战，政策法规变化、市场监管、技术创新和经济波动等因素都会影响碳配额的供应和价格稳定性。投资者在参与碳市场交易时，需要密切关注这些风险并制定合理的风险管理策略。碳信用和排放权交易作为市场化的环保策略，有效推动了全球碳减排的进程并为投资者提供了全新的收益途径。在不断完善的监管体系和技术支持下，这一机制在未来几年将进一步成熟，为实现可持续发展目标贡献更大的力量。

6.2.4 绿色评级与认证的重要性

绿色评级与认证在可持续投资和绿色金融领域扮演着重要角色，帮助投资者识别真正符合绿色标准的投资项目和企业，并有效遏制“绿色洗钱”现象。通过由独立第三方机构提供的评级和认证，可以确保评估过程的公平和透明，赋予投资者更高的信心和决策依据。“绿色洗钱”这种现象使投资者难以准确判断项目和企业的真实可持续性，因此绿色评级与认证作为识别工具变得至关重要。绿色评级与认证由第三方机构进行，以保证其独立性和公正性，这些机构通常根据一套详尽的标准和指标体系，对投资项目或企业进行综合评估，评估内容涵盖碳排放、能源效率、资源利用、环境管理和社会责任等方面，并通过定期审核与实地调查确保数据的准确性和全面性。通过这一过程，项目或企业可以获得公正透明的评级结果并为投资者提供可信赖的信息。

这些评级与认证为投资者的决策提供了关键参考。例如，绿色债券市场中的绿色评级可以区分不同项目的环保价值，帮助投资者选择对环境有积极影响的项目进行投资。通过这种评级，投资者能够筛选出那些切实符合 ESG 标准的绿色项目，此举不仅使投资者获得经济回报，还确保资金投向对社会和环境有益的领域。绿色评级与认证可以提高投资者的信心，还能够推动企业不断改善环境绩效。获得权威机构的认证有助于提升企业形象，使企业吸引更多可持续投资。为此，许多企业积极参与绿色评级与认证过程，并不断优化生产工艺、能源利用和环境管理，努力在市场中树立绿色形象。

这一过程也面临一定的挑战，一方面，绿色评级与认证的标准体系在不同机构和地区之间可能存在差异，增加了投资者理解和比较的难度。为解决这一问题，国际组织和行业协会正在努力制定统一的绿色评级与认证框架，以提高标准的一致性。另一方面，评级机构的专业性和透明度也直接影响评估结果的可信度，确保评级机构具备充分的专业知识和独立性，对行业的长期发展具有重要意义。绿色评级与认证在识别绿色投资项目和防止“绿色洗钱”现象方面具有重要作用，通过独立和公正的评估过程，可以为投资者提供准确的信息，帮助他们在可持续投资中作出明智决策，这一机制也激励企业改进环保与社会责任实践，进一步促进可持续金融市场的健康发展。

6.2.5 投资者对绿色金融工具的需求

随着全球环保意识的觉醒和对气候变化问题的持续关注，投资者对绿色金融工具的需求迅速增长，他们更加注重环境和社会的正面影响，倾向于选择那些既能提供经济回报，又能体现环境与社会责任的投资方式。绿色金融工具通常包括绿色债券、可再生能源投资基金、碳信用与排放权交易等，这些工具不仅能够资助可持续发展项目，还能使投资者积极参与应对全球环境问题的行动。对于投资者来说，绿色金融工具带来的收益与传统投资方式相比并不逊色，并且附加的环境和社会效益使其在投资组合中具有更大的吸引力。

一方面，绿色金融工具为投资者提供了多样化的投资选择，使其能够根据风险承受能力和回报预期制定合理的投资策略，如绿色债券通常具备稳定的回报与较低的风险，适合稳健型投资者；可再生能源基金、碳信用与排放权交易等则可能提供更高的回报和较高的波动性，适合具备更高风险承受能力的投资者。这种多样化的选择使得绿色金融工具能够满足不同偏好的投资需求。

另一方面，越来越多的投资者认识到将 ESG 标准纳入投资决策的重要性。在全球范围内，投资者逐渐意识到环境和社会责任与企业的财务绩效存在紧密联系，因此将 ESG 标准纳入投资组合不仅能够降低环境和社会风险，还能捕捉新兴市场机遇。在这种背景下，绿色金融工具正成为 ESG 投资的核心部分，受到机构和个人投资者的高度关注，对绿色金融工具需求的增长也反映出投资者对长期投资策略的重视。与传统行业不同，绿色科技、可再生能源和环保基础设施等领域具备长期增长潜力和可持续发展空间。通过将资金配置到这些领域，投资者能够在未来获得稳定回报，同时有助于实现全球减排目标和社会可持续发展。

在这个过程中，监管机构和国际组织发挥了关键作用，通过出台激励政策、制定标准框架和引导金融机构发行绿色金融工具等方式，政府积极推动绿色金融市场的发展，确保其规范与透明。例如，许多国家和地区对绿色债券发行提供税收优惠或担保机制，鼓励更多企业和机构进入这一市场。与此同时，评级机构和行业协会也不断完善绿色评级与认证体系，为投资者提供更全面的评估工具，帮助其在纷繁复杂的金融产品中识别真正的绿色投资机会。随着环保意识与对气候变化问题关注的持续增加，投资者对绿色金融工具的需求呈现出强劲的增长趋势。未来，绿色金融工具有望在全球金融市场中扮演更重要的角色，这不仅为投资者带来经济收益，还将推动环境与社会责任的实现，为应对全球气候挑战贡献更大力量。

6.3 投资决策中的气候变化因素

6.3.1 理解气候变化对宏观经济的影响

气候变化在宏观经济层面引发广泛影响，涉及经济增长、就业、物价水平和全球贸易等方面，这种多重影响使投资者需要密切关注这一动态，深入了解其对整体经济环境和市场动态的潜在影响，以便更好地评估其对投资回报和市场波动的实际威胁。气候变化可能对全球和区域 GDP 增长产生显著影响，极端天气事件的频发，如飓风、洪水、干旱和暴雪等，不仅破坏基础设施和产业链，还可能直接摧毁农业、制造业和能源等行业的生产力。这将导致国家或地区的经济增长速度放缓，并可能波及其他依赖其供应链或贸易往来的区域。长期来看，气候变化引发的环境破坏可能持续削弱全球经济增长的潜力，特别是依赖自然资源和基础设施的经济体。

气候变化对就业市场也产生重要影响，自然灾害和环境破坏可能导致部分行业的失业率上升，如农业和渔业的产量下降易造成相关就业机会减少。随着各国加快能源结构转型，化石燃料行业的就业机会将逐渐减少。与此同时，可再生能源、绿色技术和环保产业将成为新的就业增长点，这种产业结构的调整将带来就业市场的巨大变化，对劳动力提出新的技能要求。气候变化还可能通过影响农产品和能源供应推高物价水平，特别是在食品和能源价格方面，如干旱和洪水导致粮食产量下降，推高食品价格；气温升高使能源需求增长，特别是空调、冷藏和供暖等需求的增加。这些商品是居民消费的基本需求，其价格上涨将进一步传导至其他消费品领域，加剧通货膨胀压力，影响消费和投资行为。

全球贸易同样受到气候变化影响，极端天气事件可能破坏港口、物流网络和基础设施，导致贸易流动受阻。由于不同国家在应对气候变化的政策和进度上存在差异，这些政策可以通过关税、配额和贸易限制等方式影响跨境贸易。例如，一些国家针对高排放产品实施更严格的环保规定，使这些产品的国际贸易受到抑制，贸易壁垒的增加将扰乱全球供应链，并对投资者的国际投资决策产生重大影响。因此，投资者在决策过程中必须全面考虑气候变化对宏观经济的潜在影响，在评估其对整体经济环境和市场动态的威胁时，需结合各国和区域的经济结构、政策措施和产业发展情况。对相关信息的掌握有助于投资者理解不同市场中的风险和机遇，从而调整投资组合、分散风险，提高对市场波动的承受能力。总而言之，深刻认识气候变化对宏观经济的多层次影响，将帮助投资者在动荡的经济环境中作出更具前瞻性的投资决策。

6.3.2 评估行业特定的气候风险

在不同行业的气候风险各异，投资者需要深入了解目标行业与气候变化之间的联系，充分评估其可能面临的物理风险和过渡风险。不同行业的物理风险差异明显，一些行业更易受到极端天气事件的直接影响。例如，农业和渔业对气温、降水和风力的波动高度敏感，持续干旱、暴雨和风暴等自然现象可能导致产量锐减甚至颗粒无收，沿海的渔业也容易受到极端天气和海平面上升的影响，生产基础设施直接遭到破坏。能源行业中的石油、天然气和电力生产面临的物理风险也较高，洪水、飓风和热浪等自然灾害可能损毁设施，迫使能源供应中断，导致停电、生产停滞或运营成本上升。例如，电力设施在极端高温或寒冷的条件下容易发生过载，导致停电。太阳能和风能项目虽然利用可再生能源，但同样受到气候条件波动的影响，可能导致发电量的不稳定。基础设施和房地产业也不能忽视气候变化引发的风险，建筑和基础设施如果位于低洼或沿海地区，极易遭受洪水、风暴潮或海平面上升的侵袭，而高温天气可能提高建筑运营成本，增加冷却设备和能源需求，交通基础设施如公路、铁路和港口等，往往在极端天气事件中表现出较高的脆弱性。

在过渡风险方面，政策变化和市场偏好会对传统行业带来显著冲击。例如，化石燃料行业在全球减排目标的推动下逐渐受到严格的政策约束，高排放行业的税收和合规成本可能大幅上升，消费者对环保产品的需求不断增强，这对传统高排放行业的市场份额构成压力。制造业和运输业等依赖传统能源的行业可能面临新的法规限制，生产与物流成本显著提高。可再生能源和绿色技术等新兴行业获得政策激励和市场追捧，具备明显优势。

投资者应当重视技术风险，环保技术和新能源技术的快速发展可能加速行业结构的调整。例如，汽车行业逐渐转向电动化，化工行业则向绿色工艺转型，这一变化使传统企业需要大规模投资以满足新技术标准，同时，新的技术垄断也可能出现，从而带来竞争风险。评估行业特定的气候风险对于制定有效的投资策略十分关键。投资者需要结合目标行业的特性，了解其在物理风险和过渡风险中的暴露程度，分析其业务模式、供应链和市场需求如何受到气候变化因素的影响，以便在不同情景下调整投资策略，分散风险并抓住机遇。

6.3.3 投资者对气候信息的需求

随着对气候风险的认识不断深入，投资者对于详尽而准确的气候信息的需求日益增长。这些信息直接影响投资者的投资决策，包括企业的气候风险披露、投资项目的环境影响评估，以及对气候政策变化的敏感性分析。企业的气候风险披露对于投资者具有重要意义，投资者希望企业提供透明的气候风险信息，以评估其未来财务表现和可持续性。这些披露通常涉及公司运营的碳排放量、能源消耗、供应链的环保状况和适应气候变化的战略计划等。通过这些信息，投资者能够识别企业在应对气候变化时的脆弱性与应对能力，判断其业务模式能否适应更加严格的环保法规和政策。对于高排放行业，投资者需要了解这些企业采取的碳减排措施以衡量其合规成本和未来的市场竞争力，而对可再生能源和绿色科技等新兴行业，投资者则关注其业务的扩张能力和市场前景以确定其增长潜力。

投资者对投资项目的环境影响评估也提出了更高要求，无论是新建基础设施、能源开发，还是房地产项目，投资者都需要全面评估这些项目的潜在环境影响，包括对项目所在地生态系统的影响、温室气体排放量和废水与废物管理等方面。投资者希望通过这些评估信息，了解项目的环保合规性以及是否符合当地或国际环保法规标准。评估结果可以揭示项目在未来可能面临的环境责任和成本，帮助投资者合理规划风险管理策略。

对气候政策变化的敏感性分析同样不可忽视，各国政府在全球减排目标的驱动下不断出台新政策，包括碳排放配额、碳税和可再生能源激励措施等，这些政策可能直接影响企业的生产成本、税收负担和市场准入。投资者需要实时跟踪这些政策变化，以评估其对不同市场和行业的潜在影响。例如，针对化石燃料行业的排放法规收紧，可能导致化工、运输和制造等领域的成本显著上升，对可再生能源行业的补贴政策则有望加速市场扩张，提供新的投资机会。敏感性分析能够帮助投资者及时调整投资策略，抓住政策变化带来的市场机遇，规避相关风险。投资者对气候信息的需求日益多样化与细致化，企业的气候风险披露、投资项目的环境影响评估和气候政策变化的敏感性分析，能够全面揭示不同市场与行业的气候风险敞口，为投资者制定明智的投资策略提供基础。掌握准确的气候信息，使投资者能够适应全球气候变化带来的复杂挑战，在风险与机遇并存的环境中，保持投资组合的可持续增长。

6.3.4 结合 ESG 标准的投资策略

ESG 标准如今成为投资策略制定的关键部分，结合 ESG 标准，投资者能够识别在环保和社会责任方面表现优异的企业并在此基础上调整投资组合，实现更好的长期收益与风险控制。

在环境方面，投资者对企业如何减少碳排放、提高能源效率、使用可再生能源以及降低对生态环境的影响尤为关注。越来越多的企业开始致力于减排和减少资源消耗，并设立明确的目标。通过分析这些指标，投资者能够判断企业在环保表现上的努力，预判其在未来更加严格的法规和市场需求中是否具备适应力。那些在绿色科技、可再生能源和节能环保设备等方面有所作为的企业，可能因为提前布局和持续创新，在未来的市场竞争中具备较强优势。在社会责任方面，投资者关注企业的员工待遇、社区关系、供应链责任以及产品质量与安全，良好的社会责任实践有助于企业稳定运营，减少因劳资纠纷、产品召回或社会抵制而导致的业务中断和声誉损害。通过这些方面的考察，投资者可以评估企业在应对社会责任方面的成熟度，并识别那些能够在未来市场中维持稳定增长的企业。

治理标准主要关注企业管理结构的透明度与规范性，包括董事会的独立性与多样性、管理层的合规与道德行为、企业治理的透明度等。一个具备良好治理结构的企业，更能识别和应对风险，并制定有效的战略规划以实现长期增长。投资者通过分析治理结构，可以判断企业能否平衡利益相关方的诉求，确保业务策略与可持续发展目标一致，结合ESG标准的投资策略，不仅可以帮助投资者在短期内规避风险，还能带来长期回报。在这种策略之下，投资者通过筛选符合ESG标准的企业，可以构建一个风险较低且具备增长潜力的投资组合。研究表明，遵循ESG原则的企业通常具备更好的风险管理和应对市场变化的能力，能够在动荡环境中保持稳健发展。

然而，ESG投资策略的实施仍面临挑战，不同评级机构和行业标准之间缺乏统一的定义，使ESG数据质量和可比性成为一个重要问题，部分企业的ESG披露并不充分，投资者需要更多数据以准确评估其表现。为应对这些问题，投资者应选择具备良好声誉的评级机构和数据供应商，利用多样化的ESG数据来源完善投资分析。投资者应与企业保持沟通，推动更多的信息披露与透明度，结合ESG标准的投资策略在现代投资中日益重要，为投资者识别在ESG方面表现优异的企业提供了重要依据。这一策略可以帮助投资者构建长期可持续的投资组合，为全球经济的可持续发展贡献力量。

第 7 章 企业管理与气候变化带来的财务风险

7.1 内部管理

7.1.1 运营和供应链风险

气候变化对企业的运营和供应链造成了严重的潜在威胁，可能导致巨大的财务损失。随着全球变暖，极端天气事件如暴雨、干旱和热浪等变得愈发频繁和强烈，这些灾害性天气可能直接导致企业的生产设施遭受损坏，如厂房被洪水淹没、设备被高温损坏等，中断正常的生产活动。此外，极端天气事件还可能破坏交通基础设施，阻碍原材料和产品的运输，导致供应链中断，如制造业企业可能面临因关键零部件供应延迟而被迫停产的风险从而错过销售旺季，造成巨大损失；农业企业则可能因干旱或洪涝导致作物大面积歉收，直接影响其收入和利润。这些运营层面的问题若得不到及时有效的应对，将会给企业的财务状况带来严重的负面影响。

除了直接的物理损害，气候变化还可能通过改变自然资源的获取成本和可获得性，给企业运营带来额外的财务压力，如随着全球水资源紧张局势的加剧，企业可能面临更高的水价和更严格的用水限制，特别是在缺水地区经营的企业，可能被迫投资昂贵的节水技术或寻找替代水源，这无疑会增加其运营成本。化石燃料价格的波动也会直接影响企业的能源成本，尤其是对能源依赖程度高的行业，如钢铁、化工等，能源成本的上升会大幅压缩企业的利润空间。气候变化导致的资源短缺还可能加剧市场竞争，迫使企业提高资源使用效率或开发替代资源，这都需要额外的投资和成本支出。

企业在应对自身运营风险的同时还需关注供应链上下游合作伙伴的气候风险敞口，它们的风险最终也会传导到企业自身。一方面，如果供应商受到极端天气事件影响，其生产受阻可能导致原材料价格上涨或供应短缺，给企业的采购和生产带来困难；另一方面，下游客户受气候变化影响而导致需求萎缩，也会直接影响企业的销售收入。因此，企业需要从整个价值链的角度，全面评估和管理气候变化对运营与供应链稳定性的影响，以提高供应链的韧性和灵活性。这需要企业加强与供应商和客户的沟通与合作，共享信息，协同制定应急预案以最大限度地降低气候风险的影响。企业还应积极寻求供应链的多元化，分散极端天气事件带来的冲击，并建立完善的风险转移机制，如投保与气候相关的保险产品等。只有制定全面的风险管理策略并付诸实施，企业才能最大限度地降低气候变化对运营和供应链稳定性的负面影响，从而减少潜在的财务损失。

7.1.2 政策和市场转型风险

气候变化日益成为全球关注的焦点，各国政府和国际组织纷纷加大应对气候变化的力度，并出台一系列政策和法规推动经济社会向低碳发展模式转型。这些政策举措对企业的排放行为和环境表现提出了更高的要求，对其财务状况产生了重大影响，例如，各国陆续推行的碳排放管制措施（如碳税、碳排放权交易市场、排放标准等）都会直接增加高排放企业的合规成本。企业需要投入大量的资金用于升级改造生产工艺、引进低碳技术和购买碳排放配额等，这无疑会侵蚀企业的利润空间，影响其财务表现。若企业未能及时调整经营模式以符合日益严格的环保标准，还可能面临巨额罚款、诉讼索赔等法律风险，进一步加剧财务压力。

除了合规成本上升，日益强化的气候相关信息披露的要求也给企业带来了新的挑战。随着投资者对企业 ESG 表现的关注日益提高，以及气候相关财务信息披露（TCFD）等框架的推行，企业需要投入更多资源用于数据收集、核算、报告和第三方审核等，这也会产生额外的成本。如果企业的信息披露不充分、不准确，则可能面临投资者质疑、股价波动的风险。

市场对企业的环境表现提出了更高期望，一方面，机构投资者将企业在气候变化治理、风险管理和减排行动等方面的表现作为评估其长期投资价值的重要依据，表现不佳的企业可能面临投资撤离、融资成本上升的风险；另一方面，消费者的环保意识也在不断提高，他们更倾向于选择对环境负责、积极应对气候变化的品牌和产品。企业若在低碳转型中落后于竞争对手，未能满足消费者日益提高的环保意识，可能面临声誉受损、市场份额下降的风险。因此，顺应低碳经济发展大势，提前布局应对气候变化，已成为企业控制政策和市场风险、维护竞争力的关键。

这需要企业高度重视政策和市场趋势的研究，及时评估其对自身业务和财务的影响，并据此调整发展战略。企业需要加大低碳技术和产品的研发投入，加快业务模式创新，提高能源和资源使用效率，降低碳排放强度。此外，企业还需加强与政策制定者、投资者等关键利益相关方的沟通，提高信息披露的透明度和及时性，争取获得其理解与支持。只有审慎应对政策和市场带来的转型风险，加快自身业务向低碳模式转型，企业才能在激烈的市场竞争中把握先机，实现可持续发展。

7.1.3 内部培训与教育计划

为有效应对气候变化带来的财务风险，企业需要充分调动员工的积极性，通过内部培训和教育计划，使全员深入了解气候变化对企业的潜在影响，以及自身在其中扮演的角色。这样的培训计划不仅有助于提升员工的知识水平和专业素养，还能将气候变化的应对策略与企业整体目标相结合，提高应对风险的效率。制订培训计划时，企业需明确涵盖的核心内容和目标，以确保信息传递和员工能力建设的有效性。关于气候变化的基本知识必不可少，需在培训中涵盖温室气体排放、气候变化对生态系统的影响和极端天气事件的增多等内容，让员工对全球气候变化的科学原理和发展趋势有清晰的理解。通过案例分析展示气候变化给不同领域和行业带来的风险与机遇，使员工了解此类风险对企业运营和供应链稳定性的威胁，帮助企业员工建立起应对气候风险的初步意识。

企业自身的气候政策和战略应成为培训内容的另一个重点。通过对企业现有政策的详尽介绍，帮助员工了解企业在应对气候风险方面采取的具体措施，如减少温室气体排放、转向清洁能源、提高能源效率及建立绿色供应链等策略，让员工理解这些政策的具体实施路径与最终目标，有助于在全员范围内形成一致的认知和行动力，确保策略得到有效落实。员工在气候风险管理中扮演的角色需在培训计划中进行明确，每个部门在不同的业务环节中对气候变化的响应方式各不相同，因此需将角色定位具体化，确保各岗位的职责与风险管理相匹配。例如，供应链部门可能需要调整采购流程，以减少对高碳排放供应商的依赖；市场推广部门应及时更新产品定位和宣传策略，以满足消费者对绿色产品的需求；研发部门则需要积极开发可持续技术和产品，助力业务模式转型。通过培训，让员工清楚地认识到自身的职责和任务，可以让其更积极地参与到策略执行中。

为了确保培训效果并实现长期效益，教育计划需要设计成一个持续改进的过程。定期更新培训内容以反映最新的科学研究、政府政策和行业趋势，并利用内外部的资源和经验分享，不断完善内部培训体系。组织专家讲座、跨部门合作交流和模拟演练等方式，可以丰富学习体验，让员工更深入地了解如何在实际工作中应对气候风险。将培训成果纳入员工绩效考核和激励机制中，也能够提高其参与热情，设定与气候政策相关的绩效指标，能够激励员工积极实践气候风险管理的相关措施。企业内部的表彰和奖励机制亦能营造积极的学习氛围，鼓励全员共同为企业实现绿色发展目标作出贡献。通过完善的内部培训和教育计划可以有效提高员工对气候变化的认知与理解，将企业政策与员工日常工作无缝融合，为企业应对气候风险提供坚实保障。

7.1.4 内部数据收集与分析

在应对气候变化带来的财务风险过程中，系统性的数据收集和分析是企业内部管理的重要组成部分。建立完整的数据收集机制，涵盖能源使用、废物产生、资源利用等方面的详细数据，能够为企业提供一幅全面的运营环境图，揭示其活动对环境的整体影响，并为进一步改进运营状况提供依据。构建数据收集体系的第一步是确定关键指标，以准确反映企业在应对气候变化过程中的表现，指标应覆盖能源消耗、碳排放、水资源使用和废物管理等领域。例如，能源使用的指标可以细化到每个部门的具体消耗量，并进一步分解为不同能源类型，以便了解各类能源在运营中的占比。在废物产生方面，需建立分类记录系统，详细记录各类废弃物的产生量、处理方式和成本。对于水资源的利用，应衡量用水量及其在不同业务流程中的分布情况。通过这些指标的设定能够为数据收集和分析提供明确的方向与标准。

在数据收集方面，信息来源应覆盖生产、供应链、销售和物流等各个环节，通过在运营流程中嵌入传感器、计量表和管理软件等数字化工具，可以实现能源消耗和废弃物产生的实时监测，建立统一的数据库系统，将来自不同部门的数据汇集于一处以实现全面的分析和对比。在数据分析阶段，可采用定量和定性相结合的方法，全面揭示数据背后的潜在风险与机遇。例如，借助历史数据进行时间序列分析，可以揭示不同季节或业务周期中的能源使用变化趋势，帮助识别高峰用能时段，并根据此调整生产计划和设备运转情况，从而降低能耗。废弃物数据分析可用于发现特定生产线或工艺中产生的废弃物类型与数量，通过优化生产流程或材料选择减少废弃物的产生。

通过数据的横向对比分析，可识别出企业内部不同业务部门在资源利用和排放方面的差异，为跨部门合作和最佳实践推广提供信息。例如，若发现某部门的能源使用效率明显高于其他部门，则可以调研该部门的操作流程和技术手段，并将这些经验应用到其他部门，提升企业整体的能源效率。数据分析还可用于评估政策和战略的执行效果，通过对不同阶段的数据变化进行对比，可以判断某一政策的执行是否达到了预期效果，并根据分析结果进一步调整策略和资源配置。若发现某项策略在特定区域或业务线中效果不佳，可以深入分析其原因，及时修正并实施新方案以提高整体管理效率。

为了确保数据收集与分析的持续性和有效性，需定期审查和更新数据指标、收集方法和分析工具。随着技术的进步和政策要求的变化，不断优化数据收集与分析体系，以确保信息准确、及时地反映企业的环境表现和运营状况，积极与外部机构合作或参与行业数据共享项目，通过对标其他企业的运营数据更深入地理解自身的环境影响和改进空间。通过系统的内部数据收集与分析，能够帮助企业清晰掌握其在应对气候变化中的现状和潜在问题，从而为制定可持续发展战略提供科学依据，有效降低因气候变化带来的财务风险。

7.2 技术与创新

7.2.1 清洁与可再生能源技术的不确定性风险

企业在采用清洁与可再生能源技术的过程中，可能面临诸多不确定性风险，这些风险若不能得到有效管理，可能对企业的财务状况产生负面影响。清洁能源技术的成本和效率存在不确定性，虽然近年来太阳能、风能等技术的成本持续下降，但仍然高于传统化石燃料，而且效率也相对较低。这意味着企业需要更高的前期投资和运营成本，如果技术进步达不到预期或成本下降速度放缓，企业可能难以收回投资，面临财务压力。

可再生能源的间歇性和不稳定性也存在风险，与传统能源不同，太阳能和风能受天气条件影响较大，发电量存在较大波动，这可能导致能源供应不稳定，影响生产的连续性。企业若过度依赖这些能源，可能面临电力短缺的风险，从而增加成本或影响产品交付。为了应对这一问题，企业需要投资昂贵的储能设施或备用电源，这无疑会增加额外的资本支出。

清洁能源技术的政策支持也存在不确定性。目前许多国家对可再生能源提供税收优惠、补贴等扶持政策，这些政策对企业采用清洁能源起到了重要的激励作用。但是，这些政策往往具有时效性，一旦政策到期或发生变化，企业可能面临成本上升的风险。不同国家和地区的支持力度差异较大，这可能导致跨国企业在不同市场面临不同的政策风险，进而增加合规成本。可再生能源技术的快速迭代也加剧了技术选择的风险，随着技术的不断进步，新的能源解决方案层出不穷，这为企业决策带来了挑战。一方面，企业需要审慎评估不同技术方案的成本收益，选择最佳的组合；另一方面，还需要权衡技术升级换代的时机和成本，一旦选择了错误的技术路线或升级时机，可能面临设备闲置、投资回报率下降的风险。

7.2.2 气候智能解决方案的数据与网络安全风险

随着大数据、人工智能等技术在气候领域应用的日益深入，气候智能解决方案已成为企业管理气候风险的重要工具，然而这些先进技术在带来效率提升的同时也引入了新的数据与网络安全风险，这些风险若不能得到有效控制，可能对企业的财务状况和声誉造成严重损害。气候智能解决方案高度依赖海量数据的采集和分析，其中不可避免地涉及各种敏感信息（如生产运营数据、供应链数据等）。一旦这些数据在采集、传输、存储或使用过程中发生泄露，企业可能面临法律诉讼、罚款等合规风险，以及客户流失、业务中断等风险，尤其在数据跨境传输的情况下，还需要应对不同国家的数据保护法规，这无疑增加了数据管理的难度和成本。

气候智能解决方案通常需要在企业内部乃至整个供应链范围内部署大量的传感器、终端设备和网络设施，这扩大了潜在的网络攻击面。黑客可能利用设备或系统的漏洞实施攻击，窃取数据或者干扰业务运营，如恶意篡改气象传感器数据，可能导致错误的天气预测和灾害预警，从而影响企业的决策和应急响应。网络安全事件的发生不仅会带来直接的经济损失，还可能损害企业的技术能力和危机管理能力，进而影响市场信心。人工智能算法的不透明性和潜在偏差也值得关注，由于气候智能解决方案通常涉及复杂的机器学习模型，其决策过程可能难以解释，存在“黑箱”问题，这可能导致基于算法的决策存在偏差或错误，从而增加企业的运营风险。如果灾害预警模型因训练数据不足或算法缺陷而高估或低估风险，就可能导致企业作出错误的投资或防范决策，造成不必要的损失。

过度依赖气候智能解决方案也可能弱化企业的自主决策能力和风险意识，一些企业可能完全依赖算法的判断，缺乏必要的人工复核和调整，这可能导致决策失误。由于部分风险被技术“隐藏”，企业可能产生错误的安全感，放松了对气候风险的主动管理，一旦出现极端情况或技术失灵，企业可能难以及时作出反应，进而加剧损失。应对气候变化带来的转型和物理风险时技术创新固然重要，但企业需要充分认识到技术本身的局限性和风险，只有将技术策略与全面的风险管理体系相结合，加强数据安全和隐私保护，提高网络防御能力，完善人工智能治理，企业才能最大限度地发挥气候智能解决方案的价值，实现技术驱动的可持续发展。

7.2.3 提高资源效率与推广循环利用

增强资源效率与推广循环利用对减少浪费、减轻环境压力有着至关重要的作用，通过优化设计、改善生产流程和加强物料回收，企业可以实现资源利用最大化，降低生产成本和环境影响，从而在可持续发展领域取得显著进展。从设计阶段入手，采取更具环保意识的策略能够显著提高资源效率，产品设计应当考虑材料的使用情况，选择可再生、可降解或对环境影响较小的材料，从而减少整个产品生命周期内的环境负荷。设计时可根据模块化和标准化原则，使产品更易于拆解和维修，延长使用寿命，这不仅减少了新材料的需求，还为后期产品的循环利用和再制造提供了便利。

在生产流程中，企业应积极寻求优化措施，减少原材料浪费和副产品的产生，如通过调整设备参数、优化生产线排布或采用先进的生产技术，可以提高原材料的利用率，降低能耗和水耗。生产过程中产生的副产品和废弃物应尽可能进行回收和再利用，或将其转化为其他产品的原材料或二次能源。这样的策略不仅降低了废物处理的成本，还有助于进一步提升整体的资源利用效率。

物料回收是循环利用体系中的关键环节，建立完善的回收系统，不仅能使企业在内部实现资源再利用，还能与外部合作伙伴协同，创建更大规模的循环经济网络。企业可以通过与供应商和客户的合作，鼓励供应链上下游共同参与废弃物的回收与再加工，将其融入新的产品制造流程中。例如，电子制造企业可以通过设立专门的回收渠道，从客户手中回收使用过的产品并对其进行拆解、分类和处理，以提取可用材料并将其重新投入生产。废旧零部件的翻新和再制造也是实现循环利用的重要途径，能够显著降低材料成本和对环境的影响。

在管理层面，为了推动资源效率和循环利用策略的有效执行，应设定明确的绩效目标和监控指标，确保各项措施得到落实。例如，通过定期的能耗、水耗和废弃物监控，能够发现运营中的资源浪费环节，并及时采取措施予以改进；引入供应链全流程追溯系统，则可以实现从原材料采购到产品交付的全面监控，为进一步提升资源效率提供数据支持。为了确保员工的积极参与，建立相关激励机制和培训计划，培养对资源管理的意识和技能也非常重要。

企业可以探索与其他组织的合作，推动行业层面资源效率和循环利用的实现，行业协会或政府机构往往能够提供技术指导、资金支持和政策建议，使企业在相关领域获得更大突破。例如，在处理难以循环利用的材料或工业废弃物方面，可以通过与其他企业共建处理设施或共享资源，实现集中化处理和再利用。通过改进设计、优化生产流程以及加强物料回收和管理，可以有效提高资源效率和循环利用水平，减少浪费和环境污染，降低运营成本。企业积极采纳这一战略，不仅能在当前的环保法规和市场环境中保持竞争优势，还将为可持续发展奠定长期基础。

7.3 财务与投资

7.3.1 极端天气事件和转型风险的财务影响

气候变化导致的极端天气事件频发，给企业的资产、生产和供应链带来严重的冲击与破坏，洪水、飓风和干旱等灾害性事件可能直接毁损企业的建筑物、设备和存货等有形资产，一旦发生此类事件，企业须投入大量资金进行修复和重建，这些意外支出将对财务状况产生不利影响，侵蚀现金流和利润水平。极端天气还会扰乱正常的生产运营，工厂可能被迫停工，生产计划被打乱，产品交付延迟，进而导致收入受损。恶劣天气引发的供应链中断问题也不容小觑，关键原材料短缺、运输渠道受阻等因素会大幅提高采购和物流成本，企业为确保供应链稳定性而增加的备货，也意味着更高的存储费用和资金占用。一旦极端天气造成供应链瓶颈，企业的生产节奏和交付能力将受到严重影响，可能面临违约赔偿等额外损失。

随着全球各国为应对气候变化而出台的一系列政策和法规日益严格，高排放和高耗能行业正面临前所未有的转型压力。为顺应低碳经济的发展趋势，这些行业的企业被迫加快节奏，升级改造传统的生产流程，积极寻求清洁能源替代方案，加速淘汰落后产能和高污染设备。这一系列转型举措需要企业投入大量的资金和人力资源，环保设施的安装、生产工艺的革新和能源结构的调整等都将带来沉重的资本支出压力，短期内会冲击企业的财务表现和现金流。在转型过程中，部分企业资产可能面临加速折旧甚至减值的风险，传统的化石燃料相关资产（如煤炭开采设备、燃煤发电机组等），其使用寿命可能被大幅缩短，沦为“搁浅资产”。这些资产价值的下降，将直接反映在企业的资产负债表上并对损益表产生负面影响，财务状况恶化进一步加剧了企业的转型阵痛。

7.3.2 市场需求变化和投资者关注带来的财务风险

在气候变化的大背景下，消费者的环保意识不断提高，可持续消费理念日益深入人心，越来越多的消费者倾向于选择对环境友好的产品和服务，而规避高污染、高耗能的传统产品。这一消费趋势的转变，意味着绿色产品的市场份额正不断上升，传统产品的市场空间则面临持续萎缩的困境。对一些企业而言，现有的产品组合可能难以适应市场变化，销售业绩将不可避免地受到冲击，影响企业的整体营收水平和盈利能力。为应对市场需求的转变，企业必须加大研发投入，开发和推广符合环保理念的新产品。但在竞争日益激烈的绿色产品市场，新产品能否真正打开局面、实现盈利目标仍存在诸多不确定性，倘若新产品推广不力，无法快速占领市场，前期的研发和营销投入将难以收回，反而成为企业财务业绩的沉重包袱。

企业在识别、评估和管理气候相关风险方面的表现，直接影响其在资本市场的吸引力和融资能力。一些气候风险管理不善的企业可能面临投资者信心下降、资金撤离的困境，机构投资者对于企业应对气候变化的要求日益提高，（ESG）表现不佳的企业，其股票可能被排除在主流指数和投资组合之外，进一步加剧资本市场压力，股价下跌风险加大。为赢得投资者青睐，获得更有利的融资条件，企业还需加大在环保项目、绿色技术研发等领域的资本支出，这对短期财务业绩无疑会产生一定的负面影响。投资者对气候相关信息披露的要求也在不断提高，企业需投入更多资源，建立完善的信息收集和披露机制，定期发布气候风险报告，接受投资者和公众的监督，这一系列举措虽有助于提升企业的气候韧性和市场认可度，但难免会增加运营成本，对财务状况造成一定影响。

气候变化对企业财务绩效的影响是多方面的，既有极端天气事件、政策环境变化等外部冲击，又有市场需求结构转变、投资者关注重点改变等内在压力，这些因素交织在一起，共同决定了企业的气候风险敞口和财务表现。为实现长期可持续发展，企业必须审慎评估各类气候相关风险，制定全面的应对预案，优化资源配置，加强财务管理和风险控制。只有将气候因素纳入企业发展的核心议程并付诸行动，才能真正提升气候韧性，化风险为机遇，在不确定的市场环境中把握先机、赢得竞争优势。

7.3.3 成本效益分析与气候项目评估

成本效益分析对任何相关项目的可行性评估都显得至关重要，这种评估有助于企业清晰了解各类项目在长期节约成本和初始投资成本方面的关系，确保资金投入能够带来可观的财务和环境效益。评估过程应全面考量气候项目的初始成本和长期回报。初始成本包括技术采购、设备安装、基础设施建设和培训等前期投入，需详细估算并反映项目的真实开销。对于较大型的项目，投资时间可能跨越数年甚至十几年，要求企业建立详尽的资金流动计划，明确各阶段的支出安排，同时考虑技术升级、劳动力变化和维护成本等长期因素，避免项目实施中途因不可预见的费用支出导致预算超支。

确定初始成本的项目所带来的长期效益也需全面评估，效益分析应考虑气候项目在降低能源使用、减少碳排放、提高生产效率和降低废弃物处理成本等方面的具体收益。例如，能源效率提升项目可以通过减少能耗直接节约能源费用；废物回收和循环利用项目不仅能降低处理成本，还可以将回收的资源重新投入生产，实现双重收益。气候项目可以通过提升企业形象、吸引绿色投资和获得环保认证等方式产生间接效益，这些效益经过长期不断累积，将逐渐超过初始投资成本，成为企业实现可持续发展的重要动力。

除了财务收益，项目的环境效益同样需要纳入评估范围，应从温室气体减排、资源利用效率、废弃物减少和生态保护等角度，量化项目对环境产生的正面影响，这不仅有助于企业履行社会责任，还能满足日益严格的环境法规和投资者的期望。例如，通过气候项目减少排放，可以为企业在碳交易市场上赢得额外的配额收益；通过更清洁的生产流程和设备改造可以为企业在环保审查中赢得更高的评分，进一步提升市场竞争力。

为了确保成本效益分析的准确性，需采用科学的评估方法并设立合理的假设条件。例如，估算长期收益时，应对能源价格、碳交易政策、技术变化和市场需求进行合理预测，对于复杂的气候项目，需建立敏感性分析模型，模拟不同情景下的投资回报并进行风险评估，以预见项目实施中可能面临的各种挑战和不确定性。参考类似项目的历史数据和行业标准，可以为分析结果提供可靠的对比基础。成本效益分析在气候项目评估中具有不可替代的价值，通过详细的成本核算和全面的效益分析，企业可以明确各类项目的可行性和潜在收益，从而制定更科学合理的投资决策。在此基础上，将项目的实施与企业的长期战略相结合，确保气候投资能够充分发挥对财务和环境的正面影响。这样一来，企业既能实现稳健的财务增长，又能为应对全球气候变化作出积极贡献。

7.3.4 对冲气候相关的财务风险

在面对气候变化带来的不确定性与潜在风险时，企业可以采用多种金融工具和策略对冲相关的财务风险以维持业务稳定，确保可持续发展。不同的行业、业务规模和区域环境可能面临的气候风险类型和严重程度各不相同，因此企业需要根据具体的风险特征，设计出符合自身需求的金融策略。

一种行之有效的策略是利用期货、期权等衍生品锁定能源价格，对冲能源成本波动引发的财务风险。随着全球各国出台更严格的碳排放法规，传统化石能源的供应和价格可能发生显著波动，通过在期货市场上提前锁定能源价格，企业能够确保其在未来运营中获得相对稳定的能源成本预算，降低不可预见的价格波动带来的风险。类似的策略还可用于金属、农产品等大宗商品的采购，减少供应链中断或资源短缺带来的成本上升问题。

投资多样化是对冲气候相关财务风险的有效途径。企业在多样化投资的过程中，应尽可能减少对单一资源或市场的依赖，增强业务模式的灵活性与韧性。通过在不同的区域、行业和资产类别间分散投资，企业可以在某一地区或行业出现极端天气事件或市场波动时，有效减轻对整体业务造成的冲击。如，涉及多个可再生能源领域的投资，既可以享受不同技术领域带来的市场红利，又可以在某一能源价格出现波动时保持整体收入的稳定。

保险作为传统的风险对冲工具，在气候风险管理中仍发挥着重要作用。许多保险公司已经开发出与气候相关的特定保险产品，如洪水、风暴和干旱等极端天气事件的灾害保险，可以为企业在遭受自然灾害损失时提供资金保障。基于参数的保险产品正逐渐兴起，这类保险根据预定的气候参数来确定赔付金额，如果降雨量或风速达到某个阈值，保险公司就会支付固定赔偿金额，这种方式较传统理赔更为迅速和高效，可以为企业遭遇极端天气时提供及时的财务支持。

为了有效实施对冲策略，企业需持续监测和评估气候相关风险以制定最优的应对方案。通过建立全面的风险管理体系，定期评估不同区域、行业和供应链的气候风险，企业可以根据监测结果调整对冲策略。此外，企业还可以借助专业的气候金融机构或咨询公司，获取最前沿的气候风险预测信息和金融工具建议，确保在复杂多变的气候环境中保持战略的灵活性。合理运用金融工具与策略对冲与气候相关的财务风险，是企业实现可持续发展目标的重要举措。通过锁定价格、分散投资和保险保障等方式，企业能够有效降低能源、供应链和市场波动带来的不确定性，在全球气候变化的挑战中保持业务稳定与持续增长。

7.3.5 保险与风险转移策略

保险和其他风险转移工具，在气候风险管理中扮演着至关重要的角色，为企业提供了有效的财务保障，使其能够在极端天气和自然灾害带来的损失中迅速恢复运营。合理规划和实施保险与风险转移策略，可以帮助企业应对突发气候变化带来的经济影响，减轻财务压力，确保业务的稳定与持续性。在现有的保险产品中，传统的财产损失险和灾害险仍是应对气候变化相关风险的基本选择，企业可以根据自身的运营特性和所在地区的环境风险，选择覆盖洪水、飓风、火灾和地震等自然灾害的保险，以便在遭受意外损失时获得经济补偿。例如，处于海岸线的工厂和物流中心可以通过洪水与风暴险规避极端天气引发的损失，农场和农产品加工企业则可以通过干旱险或作物保险降低农业生产受异常天气影响造成的损失。

除了传统保险产品，创新型的风险转移工具也在气候风险管理中发挥日益重要的作用。参数保险是一种新兴的产品，针对特定气象参数的变化提供赔付保障。例如，当某一地区的降雨量、风速或温度达到预设的阈值时，企业可以根据预定条款迅速获得赔偿。这种保险避免了传统理赔过程中的烦琐核损步骤，使企业能够在最短的时间内获得赔偿，迅速恢复运营。基于指数的保险产品也逐渐被采用，通过评估不同地区的综合风险指数，为多灾害高发区域的企业提供更全面的财务保障。为了确保保险策略的有效性，企业在购买保险之前应全面评估自身业务面临的主要气候风险，结合历史数据和科学预测，对不同极端天气事件或自然灾害可能造成的损失进行量化分析。通过了解风险发生的概率和潜在损失规模选择合适的保险覆盖范围与保额，并搭配合理的自留额以降低保费支出。

在保险之外，企业还可利用其他风险转移工具（如再保险、风险分散和共同保险等）将部分风险转移给更具承受能力的合作伙伴。例如，再保险能够将保险公司的部分责任分摊到更广泛的金融市场，确保企业在面临较大灾害时仍能获得保障。风险分散则通过与其他企业或机构的合作，将某一高风险地区或业务的风险分散到多个主体中，实现集体承担。共同保险可以在相关行业或产业链中进行，通过行业协会或合作伙伴的联合承保，减轻单一主体的风险负担。保险与风险转移策略的有效实施需要全面了解气候风险，结合企业自身的运营特点和区域环境，精心规划适合的工具和方案。通过适当的保险和风险转移措施，企业能够从经济角度获得足够的保障，在气候风险事件发生时减少财务损失并确保业务稳定。最终，这样的策略将有助于企业在复杂多变的气候环境中保持长期发展，实现可持续增长。

7.4 沟通与合作

7.4.1 气候信息披露不足和投资者沟通不畅的风险

在应对气候变化的过程中若企业未能及时、准确、全面地披露其气候相关信息，可能面临投资者信任危机的风险。当前越来越多的投资者将企业的 ESG 表现作为评估其长期价值的重要依据，并期望企业能够透明地披露温室气体排放、减排措施和气候风险管理等信息，以便作出明智的投资决策。然而部分企业的气候信息披露仍存在不规范、不连续和不完整等问题，甚至存在选择性披露或夸大环保成效的行为。这种信息披露不透明的做法，一旦被投资者和市场察觉，将严重损害企业的信誉和投资者信心，企业在 ESG 评级和可持续发展指数中的排名也可能下滑，进而失去更多潜在投资者的青睐。信息披露不透明还可能引发监管机构的质疑和调查，使企业面临被处罚的风险，这一系列的负面影响将削弱企业的市场竞争力，对其财务表现产生不利冲击。

与投资者保持良好沟通是企业实现气候目标的重要保障，但部分企业在这方面存在不足，可能面临气候策略实施受阻的风险。投资者需要深入了解企业的减排规划、绿色项目进展和气候风险应对等信息，以评估其转型效果和发展前景。倘若企业未能通过年度报告、可持续发展报告和股东大会等渠道，与投资者进行充分、有效的沟通，及时回应其关注的问题，可能导致投资者对企业的气候治理能力质疑，担心其在应对气候变化方面投入不足或缺乏长远规划。信息不对称还可能使投资者对企业的环保项目和创新技术的价值产生误判，低估其为气候韧性所作的努力。沟通不畅带来的负面影响可能体现为气候相关议案在股东大会上遭遇阻力，环保项目融资困难，以及企业在获取绿色贷款和发行绿色债券等方面受限。这将进一步制约企业调整能源结构、升级生产工艺、开展减排研发等治理举措的实施，错失向低碳转型的宝贵窗口期，在同业中逐渐失去竞争优势。长此以往，企业的财务状况将表现不佳，也将面临无法适应气候变化的战略风险。

7.4.2 气候政策变化认识不足的沟通风险

应对气候变化已逐渐成为全球共识，各国纷纷出台相关政策法规，对企业的运营环境产生深远影响。然而，部分企业对现行气候政策的理解仍不够全面和深入，这可能导致其在合规和战略调整方面存在风险，一些企业可能仅关注对自身业务有直接影响的排放标准、碳定价等监管要求，忽视了与气候相关的财政补贴、绿色金融和信息披露等一揽子政策。对支持性政策领会不够，会使企业错失获取政府资金支持、税收优惠等发展机遇。企业若未充分了解所在地和业务涉及区域的气候法规差异，可能在跨区域经营中触犯当地的合规红线。对气候政策的片面理解，也使一些企业未能及时调整发展战略，积极探索清洁技术，改革能源消费结构，导致其在低碳转型中落后于对手，面临被市场淘汰的风险。企业应深入分析气候政策的多重影响，从被动应对转向主动出击，将政策风险转化为发展机遇和竞争优势。

未来，气候政策必将更加趋严，这已成为全球共识，但仍有部分企业对政策变革的速度、力度和广度预判不足，缺乏超前的战略布局，面临转型不及时、成本激增的潜在风险。各国为实现“双碳”目标，会进一步提高行业碳排放标准，扩大碳交易市场覆盖范围，并通过财税等手段对高碳排放行业施压。企业若未对这一趋势有足够预判并积极应对，可能在新规出台后难以在短期内达标，面临停工限产、高额罚款的合规风险，碳价上涨也可能显著推高购买碳配额的支出，压缩企业的利润空间。各国为引导资金流向绿色产业，会逐渐收紧高耗能行业的信贷政策，提高其融资难度和成本，对此估计不足的企业，在融资渠道受限时难以为绿色技术改造募集资金，错失转型的最佳时机。随着气候立法趋严，环境信息披露、气候风险管理等方面的强制性要求将不断提高，中小企业可能在数据收集、第三方审计等合规活动中耗费大量人力物力，甚至因披露不到位面临诉讼风险。唯有未雨绸缪分析政策走向、主动融入低碳发展大潮的企业，才能在不断加码的监管压力下降低合规成本，保持竞争力。

7.4.3 与行业伙伴的协同

在应对气候变化带来的财务风险过程中，行业伙伴的协同合作至关重要，通过与同行业伙伴合作，企业可以共同面对气候变化带来的挑战，在降低碳排放、提高资源利用效率和推动技术创新等方面取得显著进展。这种协同形式可以包括共享最佳实践、联合开发低碳技术解决方案，以及共同推动制定行业标准等。

共享最佳实践是一种重要的合作形式，能够在行业内促进经验交流，加速绿色技术和管理理念的传播，各企业可以通过定期组织研讨会、交流会等方式，分享其在减少碳排放、优化供应链和降低环境影响等方面的成功案例和经验，并借鉴他人的创新成果。无论是制造业、能源业还是农业，不同行业的最佳实践交流都能为合作伙伴提供有益的启发，帮助他们优化各自的运营和管理流程。

联合开发低碳技术解决方案有助于推动整个行业的绿色转型，通过整合各自的技术能力和资源，企业可以在清洁能源、碳捕捉与储存、循环利用等领域共同研发创新技术，分担开发风险，降低研发成本。例如，多个汽车制造企业可以联手开发新型电动汽车电池技术，共享研发成果，实现规模经济效应，这种合作方式能够为每个企业节省大量研发投入，缩短新技术的市场化进程。

共同推动制定行业标准是协同合作的重要手段，可以提高整个行业的环境适应能力。在制定排放标准、绿色产品认证和供应链管理规范时，企业可以通过行业协会、研究机构等平台，汇集各方的专业知识和经验，形成一套务实的标准体系。统一的标准不仅能够提升行业的整体合规性，还可以为相关企业提供明确的指南，降低各自摸索的成本和风险。这样一来，企业在合规的同时能够保持灵活的运营和创新能力。除此之外，通过协同合作可以提高行业的创新潜力和抗风险能力，面对日益严峻的气候变化风险，行业伙伴的合作能够分担并共同应对风险。例如，在极端天气多发地区，农业企业可以联合建立抗灾应急机制，协调供应链上下游的物资调度和物流配送，确保整个产业链的稳定；制造业和能源业则可通过合作共享清洁能源设施、共同采购绿色原材料等方式，减少供应链的波动和风险。

在协同合作的过程中，建立稳定的沟通渠道和信任机制非常重要，企业之间需定期交流和分享信息以确保合作的有效性，设立共同的目标和规划，明确各方的职责与贡献，能够确保长期合作的顺利进行。行业协会、政府机构和研究组织等第三方的参与也能够提供专业的咨询和协调，进一步促进合作的广度和深度。通过与行业伙伴的协同合作，企业能够在应对气候变化带来的风险和挑战中发挥集体智慧，共同推动技术和管理的创新，提高整个行业的适应能力和可持续性。这种合作形式将助力企业降低成本、提升效率，最终实现共赢的目标。

7.4.4 与公众的互动与透明度

与公众保持开放性沟通并展现透明度，是企业建立和维护正面形象的关键。在气候变化的问题上企业应通过社交媒体、公开讲座和社区参与等渠道，积极传达其在应对气候变化方面所作的努力和取得的成就。这种透明的沟通方式不仅能增强公众对企业的信任，还能激励其他企业和个人共同参与到气候行动中。

在数字化时代，社交媒体是与公众互动的重要工具，企业可以定期发布关于环保举措、能源节约计划和减排目标实现情况的相关内容，让公众对企业的气候战略和成果有直观的了解。例如，企业可以分享使用清洁能源替代化石燃料的故事，或者介绍如何通过智能化管理系统优化能源使用、减少浪费，利用生动的图片、短视频和数据图表，将这些环保措施的积极影响具体化，让公众更易于理解。在社交媒体上及时回应公众对企业气候政策的疑问和建议，进一步加强互动，建立信任。

公开讲座和论坛提供了有效的互动方式，通过组织或参加环保主题的研讨会、行业峰会和大学论坛等活动，企业可以展示其在应对气候变化方面的具体实践和技术创新。这种面对面的沟通方式使企业与公众有机会深入讨论具体的环保措施，解答公众对减排技术、环保战略的疑问。企业代表的发言还可以为其他行业的从业者、政府部门和学生等提供启发与指导，进一步推动气候行动的传播与实施。

社区参与项目是与公众建立良好关系的另一个重要渠道，通过资助环保机构、参与社区植树、协助清理海滩或河流、组织环保讲座和活动等方式，可以将企业的环保理念推广到社区中，让当地居民感受到企业的环境责任意识和整体投入。例如，在制造业密集的工业区，企业可以与社区合作建立一个环保教育中心，展示企业在节能减排方面的努力情况，此举不仅可以让居民更深入了解企业的环保措施，还能增强他们对企业的好感和信任。

为了确保互动的透明度，企业在公开沟通时应提供准确和完整的信息，如在公布温室气体排放、能源使用或废物处理数据时，需确保数据的真实性和可靠性，信息应尽可能全面，涵盖减排目标设定、措施执行和实施结果等方面，以展示企业应对气候变化的整体策略。定期更新相关数据，公开展示企业在应对气候变化方面的持续改进和进展，有助于让公众了解企业的长期承诺和努力。与公众保持开放沟通，企业能够建立良好的环境形象，增强社会对其的信任与支持，这种积极的沟通策略不仅能巩固企业在公众中的地位，还能激励其他企业和个人加入气候行动中，共同推动可持续发展目标的实现。

第 8 章 各行业财务风险应对策略

8.1 能源行业的适应策略

8.1.1 推广可再生能源技术

能源行业正面临重塑与转型的机遇和挑战，全球对气候变化的关注使各行业纷纷重新审视其运营方式和战略重点。在这样的背景下，积极推广可再生能源技术成为行业的一项重要适应策略。通过采用风能和太阳能等可再生能源，企业能够有效地减少碳排放，同时降低对传统化石燃料的依赖，顺应全球减碳的趋势。在推广可再生能源技术的过程中很多能源企业认识到，利用太阳能和风能不仅能实现环境和社会效益，还为经济效益提供了可能性。风力发电和太阳能发电的开发成本不断下降，使其成为各类企业寻求清洁能源转型的重要选择，特别是与传统的化石燃料相比，安装太阳能光伏面板或建设风力发电机所需的初始投资，逐渐呈现出更高的投资回报率。

在风能领域，大型海上风电项目的开发已成为当前的热门方向。尽管建设和运营这些项目涉及复杂的技术和资金需求，但广阔的海洋空间为风力发电提供了更为稳定和持久的能源来源，为此许多能源公司与技术研发机构、设备制造商以及政府部门开展合作，以优化风能发电效率，降低运营和维护成本。在这方面，先进的监测和数据分析技术也被广泛应用，以预测海上风电机组的性能表现，提前预防和解决可能的技术问题。太阳能技术在这场能源转型中扮演着同样重要的角色。光伏发电系统的技术改进与普及使更多企业将太阳能列入自身可再生能源计划，在城市中，太阳能光伏面板能够灵活地安装在建筑物的屋顶或阳台上，让城市居民可以直接使用清洁能源，还可借助余电上网政策实现能源共享。规模化的太阳能农场则为偏远地区提供了稳定的电力供应。

能源公司逐渐意识到，仅仅依靠风能和太阳能并不能完全解决所有能源问题。为此，储能技术和电网管理系统正在被积极引入。储能技术能够平衡风能和太阳能发电在天气和时段上的不稳定性，确保能源的稳定供应；电网管理系统通过智能化手段，将不同来源的可再生能源合理地分配到各个用电点，有效减轻了电网负荷，提升了整体运营效率。推广可再生能源技术成为能源行业适应气候变化的一项核心策略，通过在风能和太阳能等领域不断探索技术创新，优化产业链并加强各方合作，能源企业逐渐转变传统的生产模式，在降低碳排放的同时，提高可再生能源的市场竞争力以迎合全球可持续发展的需求。能源公司每一步的努力不仅有助于自身的生存和发展，更为全球的减碳目标贡献了一份重要的力量。

8.1.2 碳捕捉和储存技术的实施

碳捕捉与储存（CCS）技术逐渐成为能源行业适应全球气候变化的关键策略之一。随着各国在应对碳排放问题上采取更为严格的环境标准，能源企业纷纷意识到必须通过创新的技术手段降低碳排放。CCS 技术因其独特的应用场景和潜在影响力，已经成为这一领域的焦点，为能源公司提供了一个能够兼顾环境责任与经济利益的方案。通过实施这一技术，工业生产过程中产生的二氧化碳能够被有效捕捉，并安全地储存于地下或再利用。对于发电厂、炼油厂和大型工业设施来说，这一技术的潜力尤为显著，将排放出来的二氧化碳捕获后，通过特殊的管道运输到深层地质构造中进行储存，不仅可以减少直接排放，还能为企业迎接更严格的碳定价政策作好准备。

许多能源企业已经开始在实验和商业层面积极试行这一技术，并取得了令人鼓舞的初步成果。各类示范项目显示出通过 CCS 技术能够有效减少碳排放，对达成国际排放目标有着重要的意义。然而在广泛推广该技术的过程中，仍需解决多方面的问题，现阶段的 CCS 项目多为个体实验或试点，需要将经验从试点项目推广到规模化运作，但 CCS 设施建设与运营的成本依然较高，需要政府政策、技术创新及市场激励等的多重支持。

当前技术开发主要集中在提高捕获效率和降低成本上，一些工程团队正在开发能够有效过滤不同成分的二氧化碳捕捉剂，并对储存地点的地质结构进行详细评估，以确保储存的长期稳定性。为降低运行中的能耗，科学家正在尝试各种方案优化捕捉和运输环节，如部分项目采用与炼油厂、化工厂等设施共用管道的方式，降低运输成本。

在 CCS 技术的推广过程中，各国政府和机构正制定有针对性的监管框架与激励措施。部分国家的政策已经开始涵盖二氧化碳的捕获、运输和储存，并确保企业在采取该技术时能够享受税收减免、补贴或碳信用的优惠政策。这些监管措施对项目的风险评估、运行监测和事故应对提出明确要求，为环境安全提供保障。在国际合作方面，通过多边协议和技术交流致力于提高全球范围内对 CCS 的理解与接纳，进一步发展和推广 CCS 技术不仅为能源行业的可持续发展提供潜在的解决方案，还为其他行业的碳减排提供了可能性。化学工业、钢铁制造和水泥生产等行业在各自的减排路径中都能够引入这一技术，实现减排与经济效益的双赢。总而言之，尽管该技术目前面临技术成本和监管政策等方面的挑战，但其独特的适应性和广泛的应用潜力将使之在未来的碳减排策略中扮演重要角色。各方积极的合作与努力，必将推动其更快、更有效地被纳入全球气候战略中。

8.1.3 提高能源效率的举措

提高能源效率在全球各行业中越来越受到重视，尤其在能源领域，这种举措被视为减少能源消耗和降低运营成本的战略手段。引入先进技术、升级设备以优化流程企业不仅能有效削减能耗，还能显著降低环境影响，为整体运营带来双重效益，既提升经济收益，又改善环境绩效。

为实现这一目标，许多企业将目光投向了设备更新和技术改造，发电设施中的锅炉、涡轮机和冷却系统等关键部件常被列为节能升级的重点。新的锅炉技术可以提高燃料的燃烧效率，减少未燃烧碳的排放；更先进的涡轮机设计不仅能增加功率输出，还能降低废气排放；通过优化冷却系统的设计，发电设备的余热得以更好利用，大幅提高了发电效率。这些改造项目通常配合实时监控系统的部署以便及时发现运行中的异常，减少能源浪费。除了硬件方面的升级，流程优化也为提高能源效率带来了可观的回报，通过重新设计工业流程和生产工艺能源，企业得以在关键环节上缩短作业周期，减少能源的损耗。例如，在石油精炼领域逐步引入先进的精炼工艺，优化每个处理环节的温度、压力和流量参数，大大提高了原油的处理效率。数据分析和人工智能技术在流程优化方面的应用愈发广泛，通过智能算法的预测和分析，企业能够准确识别能耗较高的生产阶段并加以调整。

提高能源效率的举措不仅仅局限于生产过程的优化，还包括全产业链的协同，供应链上下游企业的能源消耗与终端企业密切相关，因此通过建立跨企业合作机制来共享最佳实践和协调生产计划，可有效减少供应链整体的能源浪费。例如，在天然气供应链中，生产商与运输商合作优化供应时间，可避免天然气在运输过程中的大量蒸发损失。类似的合作模式在电力供应链中也越来越普遍，电力生产与配电环节的协调可最大限度地减少传输损耗。

提高能源效率的举措离不开政策和市场激励的支持，政府通过制定能效标准、提供税收优惠和补贴等方式，激励企业投入更多资源进行技术升级。碳交易市场等机制则为企业提供了实实在在的经济动力，鼓励它们通过优化生产流程和设备升级来实现更高的能源利用效率。提高能源效率已成为能源企业适应新形势的重要策略，无论是通过技术升级还是流程优化，或是跨产业链的协同合作，这些举措都在整体上显著提升了企业的环境绩效和经济效益，推动行业向着可持续发展的目标稳步迈进。借助政策与市场的多方支持，能源企业能够进一步完善相关举措，最大限度地提高能源利用效率，减少对环境的影响，实现可持续发展。

8.1.4 风险评估和管理系统的建立

随着全球气候变化对各行各业的影响不断加剧，能源行业正在积极建立全面的风险评估和管理系统以应对可能出现的多种不确定性。气候变化不仅改变了自然环境的格局，还带来了资源短缺、监管政策变化和市场动态波动等一系列风险。能源企业借助这一系统，能够定期评估这些潜在风险并在必要时迅速调整策略，预先制订应对方案，确保业务的持续运营和长期发展。

在构建风险评估和管理系统的过程中，能源企业需要综合考虑来自各方面的潜在威胁，资源短缺是首要挑战之一。气候变化导致的极端天气和自然灾害会破坏能源供应链，如暴雨和洪水会影响煤矿的生产与运输，干旱和高温则会限制水电的发电能力，海平面上升对沿海石油设施的威胁同样显著。因此，系统需要对不同类型的气候风险进行详细分析，识别最易受影响的生产环节，从而制定有效的补救措施。

监管变化带来的合规风险也是企业必须面对的现实挑战。许多国家和地区相继出台了更严格的排放法规与环保政策，企业必须在短时间内适应新的标准，管理系统在这方面的作用显得尤为重要。通过收集并分析全球各地的监管动向，企业能够准确预判政策变化并及时调整内部流程，以降低违反法规的风险。该系统还能对潜在的碳定价机制进行预测，帮助企业制定符合未来碳排放交易要求的战略。市场动态的变化与全球能源供需格局的调整密切相关，随着越来越多的国家承诺减少化石燃料的使用，新能源和可再生能源的市场占比逐渐扩大，这一趋势使传统能源的需求发生波动，导致能源价格上的剧烈变化，甚至引发某些资源的过剩或短缺。通过建立全面的风险评估和管理系统，企业可以实时监测市场动态，对产品价格和供需关系的变化作出预警，并基于这些数据调整投资组合或重新分配资源，以规避可能的经济损失。

建立并完善风险评估和管理系统并非一朝一夕之功，需要多方面的协调与合作。先进的数据收集和分析技术将成为系统的核心，通过整合地理信息、气象数据、政策文件及市场信息等多种来源的数据，企业可以更精准地预测未来的变化趋势。此外，与行业机构、科研机构和政府部门的合作，有助于企业在更广泛的层面共享信息和经验，是企业实现风险防控的最佳实践。风险评估和管理系统的建立为能源企业提供了一个有效的工具，用于应对气候变化带来的多重挑战。通过定期评估业务面临的各种风险，企业能够及时调整策略，提前制定应对措施，降低运营风险，提高业务的弹性和可持续性。在政策和市场的支持下，该系统必将成为能源行业未来发展的重要支撑，为行业的稳健运营提供保障。

8.2 金融服务业的绿色转型

8.2.1 发展绿色金融产品

在全球环保意识持续增强的背景下，金融服务业迅速迎合绿色转型，并积极推出多样化的绿色金融产品。这一领域包括绿色债券、绿色基金及可持续投资策略等，此类产品不仅支持环保项目，还倡导可持续发展，为市场提供符合社会和环境责任的投资机会。市场需求的持续增长为绿色金融产品的普及提供了动力，同时为投资者创造了一个在经济收益之外产生社会和环境影响力的途径。

绿色债券作为绿色金融产品中的重要组成部分，近年来增长迅速，这类债券的募集资金通常用于风能、太阳能、水力发电等可再生能源项目，或者与绿色基础设施建设相关的项目。与传统债券类似，绿色债券同样具备稳定的收益率并有明确的投资回报周期，符合投资者的财务收益预期。通过清晰的第三方认证和信息披露，投资者可以确信其投资的项目确实符合绿色原则，具备透明度和可信度。越来越多的企业、机构和政府部门正在利用绿色债券融资，以满足其环保项目的资金需求，并通过债券市场吸引更多关注环保问题的投资者。

绿色基金和可持续投资策略也在金融服务业中得到越来越广泛的应用。绿色基金通常专注投资那些在环境方面表现良好的公司，包括在排放、废物处理和资源利用等方面设有明确标准的企业。这些基金不仅为环保意识较高的投资者提供了与其价值观相符的投资工具，还能在多元化的投资组合中带来稳定的财务收益。可持续投资策略则更侧重于将 ESG 因素纳入决策过程中，既考虑投资目标的长期财务回报，又关注其对社会和环境产生的综合影响，通过综合这些因素，可持续投资策略为投资者提供了实现多元目标的机会，此外，监管机构和行业协会也在积极推动绿色金融产品的标准化与规范化。制定透明的指标体系、数据披露标准以及认证程序，有助于提升市场信心，让投资者能够更加准确地评估相关产品的绿色属性。对于一些更为复杂的金融工具（如碳交易衍生品和环境期货等），相关机构也在逐步完善监管框架，以确保市场在透明和公平的环境中运作。

绿色金融产品的开发和普及对金融机构的内部运营提出了新要求，许多机构已经设立专门的部门或团队，负责绿色金融业务的战略规划、产品设计和风险管理。此外，相关培训和文化建设也需要重视，以确保员工在业务中充分理解和应用绿色金融的原则与策略。金融服务业正在通过开发绿色金融产品为环保项目和可持续发展提供支持。绿色债券、绿色基金和可持续投资策略等产品为投资者带来了多样化的投资选择，在实现经济效益的同时也产生了积极的社会与环境影响力。随着市场需求的持续增长、监管框架的日益完善以及内部运营的逐步优化，绿色金融将继续成为金融服务业未来发展的重要方向，为全球的可持续发展目标作出积极贡献。

8.2.2 增强可持续投资和融资

随着绿色转型的日益加速，金融机构在可持续投资和融资方面的角色不断演变。在提供资金支持方面，金融机构不仅在推进绿色项目上提供关键支持，还在推动投资者采用更加绿色和可持续的策略。这一进程需要金融机构对现有的投资组合进行彻底审查和调整，以确保与未来环境目标相符。目前，不少金融机构开始采用多样化策略评估投资组合的潜在环境影响。一方面，进行全面的尽职调查成为必要，包括评估与投资项目相关的 ESG 风险；另一方面，结合定量与定性分析工具，金融机构可以更好地理解投资组合的碳足迹或其他环保表现，确保持有的资产符合长远的环境目标。

将更多资源投入在绿色项目和企业上有助于构建更环保的投资组合。许多投资者和基金经理发现，对那些积极致力于环保技术、可再生能源和减排项目的企业进行投资，不仅符合可持续发展目标，还能带来较为稳定的长期回报，这种战略不仅将目光聚焦于传统的财务指标，更倾向于寻找符合未来环保趋势的长期增长机会。尽管如此，构建一个兼顾绿色和盈利的投资组合并非易事。为了确保资金的合理配置，许多机构逐步引入独立的外部审计和标准化评估工具来评估项目与企业的绿色评级，这不仅让投资者更容易理解和比较不同项目的环境影响，还能进一步减少投资风险。

推动整个金融行业的透明度和责任意识是一个重要的发展方向。通过更加全面的信息披露，金融机构不仅向利益相关方展示对绿色投资的承诺，还建立了更透明的评估标准，这种透明度让金融市场更好地分辨出哪些项目真正符合绿色标准，并打击“漂绿”行为，确保投资的项目符合长期的可持续发展目标。在政策层面，监管机构也发挥着积极作用，许多国家和地区的监管机构相继出台了相关政策，要求金融机构定期报告其投资组合的环境影响，并在制定投资策略时明确考虑 ESG 因素。这种政策压力不仅引导了投资风向，还加强了整个行业对绿色转型的信心。

技术创新对可持续投资和融资的影响不容忽视，先进的分析工具和数字化平台使金融机构能够更准确地监控与预测项目的环境表现，并及时作出调整，这为投资者带来了更高的效率，并确保能够及时识别和调整与环境目标不符的项目。金融机构在可持续投资和融资方面的挑战与机遇并存，一方面，传统的投资策略逐渐与环境可持续发展的趋势脱节，需要作出较大的战略调整；另一方面，借助新技术、完善的监管框架和全球投资者对绿色项目的需求，这一行业有望成为全球绿色转型的驱动力。在不断优化的投资策略和监管政策下，未来的金融机构将进一步发挥其独特作用，推动全球经济向着更加绿色和可持续的方向迈进。

8.2.3 实施 ESG 标准

在金融服务业的绿色转型进程中，ESG 标准的实施已然成为核心环节。通过整合这些标准，金融机构不仅可以减少运营产生的环境影响，还能够在社会和治理层面展现责任感，赢得投资者和消费者的信任。环境标准的实施有助于金融机构对其投资组合及运营活动的碳足迹进行全面评估和削减。在项目投资和贷款的审查中引入环境因素，有助于筛选出具有可持续发展潜力的企业，并剔除那些可能带来环境风险的资产。在内部运营方面，通过对能源消耗、废物管理等环节进行优化，进一步实现绿色办公，这降低了运营成本，使机构的品牌形象更符合当前的环保趋势。

在社会层面，通过纳入相关标准机构能够更好地监督和管理项目的社会影响，并确保符合道德规范。在项目审批和贷款发放中将供应链管理、人权保障和劳工权益等方面纳入审查范围，不但能在项目开始时就可以预见潜在的社会风险，还能够对供应链各环节施加影响，确保合作伙伴符合社会责任准则。与此同时，金融机构也积极参与社区发展、教育和公益事业以树立良好的社会形象，增强利益相关方的信任度。此外，治理标准方面的落实也非常重要，通过完善内部控制和问责机制，有助于防范金融欺诈、利益冲突和合规风险。提高董事会和高管层的透明度、加强利益相关方参与及定期的风险评估，都在不断完善机构的治理结构，这不仅提升了企业在投资者和监管机构眼中的可信度，还确保了业务策略在实施过程中能够贯彻绿色发展的原则。

实践中，金融机构不仅以自身为标杆，还通过引导客户和合作伙伴逐渐采纳这些标准，从而在更广的层面上推动可持续发展。在制定贷款和投资策略时将ESG 评估作为重要的决策依据，影响着全球资本的流向。至此，资金更倾向于那些具备长远可持续发展潜力的企业，对不符合标准的企业或项目施加压力，促使其转型或改善。然而，实施 ESG 标准也面临一些挑战，标准的统一性和可比性始终是业内难以解决的问题，不同机构之间的评估方法和指标差异较大。在信息披露方面，许多企业的信息质量参差不齐，难以为投资者提供准确的评估依据。标准的严格落实可能会提高金融机构的运营成本，削弱短期内的利润表现。

为了应对这些挑战，监管机构、金融服务提供者和第三方评估机构正努力制定更为统一与透明的标准体系，确保评估结果的可靠性。技术的应用也成为关键，包括大数据和人工智能在内的工具，可以帮助机构更有效地收集和分析企业信息，从而实现更精准的评估和决策。通过推动全行业的培训和教育活动帮助员工更好地理解和应用 ESG 标准，以确保其在日常运营中得到贯彻执行。在政策支持、市场需求和技术进步的共同作用下，未来 ESG 标准将继续在金融服务业的绿色转型中扮演重要角色，它不仅有助于金融机构履行自身的环境和社会责任，还能够推动整个产业链朝着更可持续的方向发展。在全球绿色经济的浪潮下，ESG 标准的落实必然成为金融机构战略调整的关键因素，引领行业实现可持续增长。

8.2.4 政策倡导和行业领导

在全球金融体系的绿色转型中，政策倡导和行业领导发挥着至关重要的作用，作为金融市场的核心力量，金融机构在推动气候相关政策的制定与执行上扮演着不可替代的角色。通过广泛的行业倡议和合作，这些机构协助构建支持可持续发展的全球金融框架，通过积极参与各种多边组织和论坛，金融机构得以深入了解全球可持续发展目标，并在不同国家的政策制定进程中提供专业意见。这种参与帮助其掌握前沿信息，更重要的是能够协助各国制定更科学的绿色金融政策，通过对不同市场的深入研究，这些机构能够提出有针对性的建议，指导相关部门在制定法规时兼顾环保与市场效益。机构还利用在自身行业内的影响力，积极向监管者和立法者建议引入可持续金融的国际标准，以提高政策的可操作性和透明度。

金融机构广泛参与各种行业倡议与合作组织，携手推进绿色金融框架的建立。在这些合作中，各机构共同研究并开发可持续金融工具，制定统一的标准和框架，并共享最佳实践经验。这种合作不仅可以提升可持续金融产品的创新能力，还能减少各方因信息不对称带来的摩擦和误解。例如，不少机构正在积极合作开发绿色债券、可持续发展基金等新型金融产品，推动整个行业向绿色投资的方向发展。在政策实施和执行层面，金融机构也表现出强大的行业领导力，它们利用自身的资金和专业知识，帮助企业进行绿色转型和升级。通过提供政策解读、技术指导及定制化的金融产品，这些机构可以协助企业减少环境风险，提升社会责任和治理水平，最终实现可持续的发展。通过定期发布绿色金融报告与评级，机构帮助投资者更清晰地了解行业动态，从而促进资金更合理地流向符合可持续发展目标的项目和企业。

值得一提的是，技术进步为金融机构在政策倡导和行业领导方面带来了新的工具与方法，数据分析、人工智能等新技术可以显著提升评估效率和准确性，为绿色项目的识别和投资提供有力支持。区块链等分布式技术在项目跟踪和透明度提升方面也具有强大潜力，有望成为未来可持续金融的一大支撑。虽然在绿色金融的政策倡导和行业领导方面已经取得了诸多进展，仍有一系列挑战需要面对，如政策层面的协调和统一性亟待提高，不同国家的政策要求和监管标准存在显著差异，金融机构在跨境运营时难以应对这些不一致，部分金融机构出于短期利润考虑，仍未能完全贯彻可持续发展的理念，需要进一步强化意识。

为解决这些问题，金融机构应进一步加强与监管机构、行业组织的沟通协作，共同努力提高全球政策的协调性；监管部门需要根据国际标准不断完善本土政策，确保与全球绿色金融框架保持一致，并加强对金融机构的指导和教育，使其更深入理解可持续发展的长期重要性，推动它们积极落实绿色金融政策。通过持续推进政策倡导与行业领导，未来的金融机构将在全球可持续发展的浪潮中，继续发挥引领作用，它们将成为政策制定和执行的重要推动力，为实现全球环境目标和经济增长目标提供强有力的金融支持。

8.2.5 加强气候风险评估能力

在气候变化对全球经济带来深刻影响的背景下，金融机构意识到加强气候相关风险的评估和管理至关重要。为应对这些风险，金融机构正积极投资先进的评估工具和技术，组建专业团队，利用新兴数据和技术准确预测气候变化对投资的影响，提升内部管理水平。新型风险评估工具成为金融机构提升风险管理能力的核心，借助大数据分析和机器学习等技术，企业能够从大量复杂的气候数据中找出相关性与潜在趋势，从而评估各类资产组合和行业在不同气候情景下的表现。如通过历史数据和模型模拟，预测洪水、飓风和干旱等极端天气事件对特定地区与产业的潜在冲击，帮助机构更好地了解不同投资组合的风险暴露水平。通过引入这些技术，金融机构能够更精准地评估能源、农业和制造业等高风险行业在未来可能面临的损失，进而调整投资策略，防范潜在风险。

除了技术工具，专业团队的建设和培训同样不可或缺。风险管理团队不仅要具备扎实的金融知识，还要能够理解复杂的气候数据，尤其在对气候模型和科学报告的解读与应用方面要有足够的知识储备。通过与科学家、气候学者和政策制定者合作，风险管理人员能够更全面地掌握最新的气候风险信息，并根据这些数据制定更准确的风险评估模型。通过持续的内部培训和专业认证团队的评估指导，确保机构始终具备应对不断变化的风险的能力。

提高内部评估能力的机构也在优化与客户的沟通机制，为客户提供更加全面和透明的气候风险信息。在设计投资产品时，将气候变化相关的风险暴露纳入考量，通过信息披露帮助客户理解其投资组合在不同情景下的潜在表现，这种透明度的提升不仅有助于客户在资产配置上作出更明智的决策，还强化了金融机构在可持续金融方面的信誉和形象。

加强气候风险评估能力的努力还包括与外部合作伙伴的紧密合作。与科学研究机构、国际组织和监管机构共享数据与经验，有助于机构获得更广泛的气候风险信息，并制定符合国际最佳实践的评估标准。这种合作确保机构在评估气候风险时拥有科学依据，并推动业界在风险管理上保持一致、形成合力，积极应对气候变化带来的挑战。随着全球对可持续发展关注度的不断提高，金融机构在评估与管理气候风险方面的需求也愈发明显。先进的风险评估工具、专业团队建设和与外部伙伴的合作，使机构能够从容应对与气候变化相关的多重风险，为客户提供稳健的投资方案，确保在复杂多变的环境中保持韧性与竞争力，通过持续强化内部的风险评估能力，机构将在绿色转型中更好地发挥引领作用，推动整个金融行业朝着更稳健、更可持续的方向发展。

8.3 农业企业应对极端天气的战略

8.3.1 提高作物和牲畜的抗逆性

极端天气频发对农业生产构成了重大威胁。为了在异常的气候环境中保持农业的稳定发展，农业企业正在探索并实施一系列提高作物和牲畜抗逆性的战略。通过种植具有抗旱、抗洪和耐盐碱等特性的作物，以及利用遗传改良和选择性繁殖培育更具适应性和抗病能力的牲畜，增强作物和牲畜应对极端气候的韧性。在作物栽培方面，通过科学选育与品种改良，企业致力于培育出一批对不利环境条件具有更高耐受力的作物。抗旱品种通过调整生长周期和根系结构以减少对水分的依赖；抗洪品种则通过改良根部结构更好地适应水涝环境，确保根部通气，保持生命力；耐盐碱品种通过改变细胞内的盐分调节机制，使其在盐碱土壤中仍能够生长。在气候变化带来显著影响的地区，这些改良手段结合先进的育种技术可以显著提高作物的生存率和产量。

现代农业科学的进步使基因编辑成为培育抗逆作物的重要工具。通过识别并引入耐受性相关基因，研究人员可以在短时间内开发出能适应不同环境的作物品种。例如，水稻和玉米等粮食作物通过改良增强了抗旱和抗涝能力，确保了在极端天气下的稳定产出。传统的杂交育种方法依然被广泛应用，尤其在耐受力和产量方面取得显著进展。

牲畜的培育也在应对极端天气条件的挑战中扮演着关键角色，企业正在利用遗传改良与选择性繁殖方法，培育更具适应性和抗病能力的家畜。通过对气候适应性相关基因的分析与改良，培育出适合各种气候条件的牲畜品种。例如，适应干旱地区的牛和羊品种能够高效利用有限的水资源并抵抗极端高温；适应潮湿环境的猪和禽类则能在高湿度环境中保持健康的体质。为了提高整体抗病能力，家畜在遗传改良中被赋予抵御主要传染病的能力，使其在恶劣环境中保持高产和健康。这类改良措施不仅体现在遗传学上，还包括饲养管理方面的优化，采用更加科学的饲养技术，如配方饲料、免疫程序优化等，可以在日常饲养中增强牲畜的抗逆性；改善畜舍环境和优化通风系统，降低极端天气下高温或湿度对家畜的影响。

尽管抗逆性提升策略已在农业企业中取得显著进展，但仍然存在若干挑战。基因改良技术的研发与推广，需要高昂的成本和专业人才的支持，农民难以在短时间内全面掌握和应用这些新技术，生物多样性的丧失及生态系统的变化可能削弱某些改良品种的适应性。因此，新技术的开发需要保持对多样性基因库的保护，以确保能够随时应对气候变化带来的新挑战。

政策与市场导向也对提高作物和牲畜的抗逆性产生重要影响，政府和企业的协同合作，有助于将研发和生产结合起来并促进新技术的推广应用。通过对抗逆性品种的支持性政策和激励措施，能够加速企业将科研成果应用于生产的进程，并促使农民愿意尝试和接受这些改良品种。提高作物和牲畜的抗逆性对于应对极端天气具有重要意义，农业企业通过结合科学研究、市场需求和政策支持，在提升生产韧性的同时，为农业的可持续发展提供了切实的保障。

8.3.2 采用先进的灌溉和耕作技术

农业企业应对极端天气的关键战略之一是采用先进的灌溉和耕作技术。在灌溉方面，滴灌技术和喷灌技术显著提高了用水效率。滴灌技术通过精确控制，将水直接输送到植物根部，减少蒸发和浪费；喷灌系统则能均匀分布水分并根据作物需求进行灵活调整。这些系统结合土壤湿度传感器、气象数据和卫星遥感等工具，实现了基于数据的智能灌溉，大幅节约了水资源、劳动力和能源。在耕作技术方面，保护性耕作旨在保留土壤有机质和水分，防止侵蚀和退化，通过覆盖作物残茬或使用覆盖物可以减少雨水冲刷和水分蒸发；免耕或少耕技术避免破坏土壤结构，保持土壤活力；轮作制度则通过种植不同作物，打破病虫害循环，提高土壤肥力。

以美国内布拉斯加州的一个玉米农场为例，我们可以清楚地看到这些技术的效果，2010 年，该农场采用传统的漫灌方式和常规耕作。当年遭遇严重干旱时，平均每英亩用水 30 英亩英寸，水分利用效率仅 50%，平均产量为 130 蒲式耳/英亩，且频繁耕作导致表层土壤流失，有机质含量下降。相比之下，2020 年同一农场引入滴灌系统和保护性耕作技术后，即使在干旱年份，平均每英亩用水降至 18 英亩英寸，节水 40%；水分利用效率提高到 85%；平均产量达到 180 蒲式耳 / 英亩，增幅约为 38%；此外，土壤健康水平也得到显著改善，有机质含量提高，抗旱能力增强。

然而，这些技术的推广面临一些挑战，如初始投资成本高和对农民技能要求提高等。为此，农业企业和政府需要通过提供财政支持和补贴、开展技术培训与示范项目、鼓励产学研合作以及建立农业技术推广服务体系等方式，推动技术普及。随着这些措施的实施，先进的灌溉和耕作技术将在全球范围内得到更广泛的应用。它们不仅能够有效缓解极端天气对农业的影响，还将推动农业向更高效、更环保的方向发展，为农业企业的长期稳定发展奠定坚实基础。

8.3.3 多样化作物种植以降低风险

农业企业在应对极端天气的战略中，将多样化作物种植作为降低生产风险的重要手段，可以更有效地分散由天气变化引起的生产风险，实现经济效益与生态效益的双重提升。种植多样化的作物品种能够让农业企业更好地应对不稳定的天气条件，每种作物对气候条件的适应能力不同，有的品种耐旱，有的品种抗寒，有的品种对湿润环境适应良好。种植多种作物使农业生产不会因为单一作物对某一极端天气的敏感性而遭受巨大损失。例如，当一季干旱严重影响谷物产量时，其他作物如豆类和耐旱的坚果类作物可能表现良好，这样可以减少整个农场的损失。由于不同作物的种植周期各不相同，这样做既避开了高风险的种植和收获时期，也降低了因极端天气而造成的全面减产风险。

这种多样化策略不仅在经济方面具有显著优势，还能对农场的生态系统产生积极影响。多样化的种植方式有助于维护和改善土壤结构，不同作物的根系结构多样，深浅不一，有助于提升土壤通气性并防止板结。轮作与间作能够打破土壤病菌和害虫的循环链条从而降低对化学农药的依赖，某些豆类等固氮作物还能改良土壤中的养分结构，增加氮元素含量，为下一轮的作物生长奠定基础。多样的作物吸引了不同种类的益虫和野生生物，共同构建了更为丰富的生态系统，进一步提高了农场的可持续性。

在选择多样化作物时，农业企业需要结合当地气候、土壤条件和市场需求，确保种植方案的合理性和经济性，水稻、小麦、玉米等粮食作物依然是农场的主要作物，同时通过引入豆类、果树、蔬菜和经济作物等品种，形成更广泛的作物结构。经济作物（如咖啡、棉花和烟草）的种植有助于农场拓展新的收入渠道，同时满足不同的市场需求。引入药用植物和其他特色作物则能够为农场创造高附加值的收益。虽然多样化作物种植策略具有显著的优势，但也存在一定挑战。不同作物需要不同的栽培、灌溉和管理方式，这对农业企业的技术要求较高。市场风险和价格波动可能使某些特色作物的收益难以稳定，在此情况下，企业需要在投资和技术培训上作好充足准备，提升员工技能并积极寻找合作伙伴以分担风险。

政策的支持与市场的培育对于推广这一策略也至关重要，政府和相关机构可以通过提供技术指导、贷款支持和市场信息等方式，帮助农业企业克服种植多样化作物的初期难题。农产品加工企业和贸易商也应积极参与作物多样化战略的供应链环节，建立稳定的采购与加工渠道。多样化作物种植策略在应对极端天气风险方面展现出了较大的潜力，通过合理的作物布局与科学的栽培管理，农业企业不仅能够在不稳定的环境中保障产量与收益，还能够改善土壤和生态系统，为长期可持续发展奠定基础。

8.3.4 建立气象信息监测和预警系统

农业企业正在积极建立气象信息监测和预警系统，以提高应对极端天气的能力。通过安装气象站、使用卫星数据并结合先进的预测模型，这些系统能实时监测天气变化和气候异常，并预警干旱、暴雨、热浪等极端天气事件，确保企业及时采取有效措施来降低损失。建立气象信息监测系统需要利用多种硬件和数据资源，气象站作为基础设施，可以精确测量温度、湿度、风速和降水，为监测区域的气候状况提供详细的数据支持。分布在农田和畜舍周围的传感器能够实时测量土壤湿度、作物生长状况及牲畜的体温变化，确保获取准确的环境信息，帮助企业及时了解作物和牲畜的健康状况。卫星数据也是监测的重要组成部分，遥感技术可以宏观地观察农田的植被状况、土壤湿度及水资源变化，不仅覆盖范围广泛，还能够对特定地区进行持续多次的观测。由此，农业企业可以借助卫星数据和遥感技术获得更全面的气象与环境信息。

获得原始数据之后，通过先进的数据分析和预测模型处理这些信息，能够预测可能发生的极端天气事件，并为企业提供准确的预警。数据分析模型结合历史气象数据与当前环境参数，提供短期、中期和长期的气象预测结果，使企业能够预测即将发生的干旱、暴雨或热浪，提前作好准备。例如，预测到干旱来临时，可以启动灌溉系统或选择耐旱作物进行种植轮换；暴雨预警时，可及时疏通排水系统；热浪警告则需要提供牲畜遮阴、降温等措施。完整的预警系统不仅依赖数据分析和预测模型，还需要与管理系统相结合，形成实际的应对方案。农场管理系统可以根据不同等级的预警，制定相应的操作指引，让管理人员和工作人员能够立即采取行动，这一系统化的应对策略将传统经验与现代科技相结合，显著提高了管理效率。

企业与政府机构、科研单位的合作也在推动预警系统的完善。政府机构和科研单位提供的区域性或国家级气象数据可以与企业内部数据相结合，进一步提高预警的准确性。科研单位不断改进预测模型和气象分析方法为企业提供技术支持，使其能够更精确地预测天气状况。通过数据共享和技术协作，企业与外部机构形成了紧密的合作网络，共同应对复杂的气候问题。

尽管气象信息监测和预警系统对农业企业有重要意义，但仍面临一些挑战。系统的高成本对小型企业和个体农户来说负担较重，数据的收集和分析需要专业人员操作，政府及相关机构可提供资金、技术和培训支持，帮助中小型农业企业和农户建立适合自身规模的预警系统。通过综合利用先进的技术和数据资源，农业企业能够更从容地制定应对策略，在极端天气下保护作物和牲畜免受损失。完整的气象信息监测和预警系统将继续在农业生产中发挥重要作用，帮助企业实现可持续与高效的生产。

8.4 房地产业的风险管理

8.4.1 评估和管理气候相关的地理风险

随着气候变化对地理区域带来的风险日益显著，房地产业正积极评估各类资产可能受到的影响。尤其是位于洪水、飓风等自然灾害多发地区的资产，以及受到海平面上升威胁的沿海物业，通过细致的风险评估制定行之有效的管理策略，可以为资产提供保护并降低潜在损失。企业需要获取关于各类地理区域的详细数据，以识别每一处资产的具体位置及其面临的潜在气候风险。洪水易发区、飓风多发区及受海平面上升影响的地区需要特别关注，通过监测历史灾害数据和未来风险预测，企业能够更好地了解所在区域可能出现的气候相关风险。此外，企业可以通过政府部门、气象机构和专门的风险评估公司等多种来源获得数据，确保对潜在风险有充分的认知。

在充分了解风险后，房地产业需要对各类资产逐一评估，分析它们可能面临的特定挑战。洪水风险区的物业可能需要加强防水系统，防止雨水渗漏或洪水倒灌，或考虑建造较高的地基以减少积水可能带来的损失；飓风多发区的物业可能需要在设计和建造上提高抗风能力，利用高强度材料和结构以承受强风袭击；沿海地区的物业受海平面上升的威胁最大，可能需要在防波堤、排水系统和建筑地基高度等方面采取防护措施。除了对现有资产进行防护性改进，重新选择开发地点也是一项重要策略。通过对潜在气候影响的评估，开发商可以优先选择在气候风险较低的地区进行新项目建设，避开高风险区域，确保未来的项目更加稳健。部分企业还与城市规划部门、学术机构合作，研究可行的开发策略，包括增加绿地、加强排水等综合措施以减轻整体的气候风险。

风险转移是另一种管理策略，通过保险或合作伙伴关系将部分风险分担出去。购买相关保险可在自然灾害发生后提供重要的经济支持，同时能降低资产的运营成本。与地方政府或其他企业合作共同承担区域性风险，通过集中资源应对潜在灾害也能够显著减轻单一企业的负担。在全面评估的基础上，房地产企业还需对工作人员进行培训以提升其风险管理的意识和技能，并确保应急计划得以顺利实施。通过演练，企业可以在极端天气或其他气候风险到来时迅速采取行动，最大限度减少损失。

虽然针对气候相关风险的评估和管理已取得显著进展，但仍有诸多挑战亟待解决。例如，气候风险数据的不确定性、潜在损失的难以准确预测、区域风险的相互影响等，都对企业提出了更高的风险管理要求。因此，房地产企业需要与相关机构积极合作，持续优化风险评估模型，提升应对策略的准确性与有效性。通过科学的评估和管理策略，房地产企业可以更好地应对气候变化带来的风险，强化现有建筑的防护措施和重新选择开发地点将有助于减轻潜在灾害的影响，为房地产业的可持续发展提供保障。

8.4.2 开发抗灾害的建筑技术和材料

房地产开发商正积极研发并应用新的抗灾害建筑技术和材料，以增强建筑物面对各种自然灾害时的抵御能力。这些技术主要集中在耐风、防水和防震三个方面，耐风技术着重于通过空气动力学设计和高强度材料增强建筑物抵御台风与强风的能力；防水技术则通过提高地基、使用防水材料和安装排水系统应对洪水、暴雨和海平面上升的威胁；防震技术主要依靠基础隔震、结构加强和使用高韧性材料降低地震对建筑物的破坏。

下面以上海的一个滨江商业综合体项目来说明这些技术的应用效果。2010 年该项目采用传统的框架结构，防水措施仅限于普通的防水涂料，抗震设计也只是满足基本规范要求，结果在 2012 年台风“海葵”期间，建筑低层出现严重渗水，部分外墙装饰脱落，造成大量经济损失。经过全面改造后，到 2020 年，该项目采用了全新的“鱼鳞状”外立面设计，显著降低了风压；引入了“海绵城市”概念，设置了雨水收集系统和可渗透铺装；安装了先进的隔震支座和阻尼器。在 2021 年台风“烟花”期间，改造后的建筑表现出色，不仅成功抵御了强风和暴雨，还通过雨水收集系统缓解了周边地区的积水压力。这个例子充分展示了抗灾害技术和材料的效果，不仅显著提高了建筑物的安全性，还为周边环境带来了积极影响。

然而开发和应用这些技术也面临一些挑战，高昂的初始成本使得中小型开发商望而却步。不同地区面临的自然灾害风险各不相同，需要有针对性的解决方案。要想克服这些困难，需要政府、研究机构和开发商的密切合作，如上海市政府通过出台相关政策，鼓励开发商在滨江地区应用抗灾害技术；上海交通大学等高校为开发商提供技术支持和培训，帮助他们更好地理解和应用这些新技术，这种产学研结合的模式为抗灾害技术的推广提供了有力支持。

抗灾害建筑技术和材料的研发与应用是房地产业应对极端天气与自然灾害的重要战略。不断创新和优化这些技术将为居民和企业提供更安全、更可靠的建筑环境，同时推动整个建筑行业向更加可持续和具有韧性的方向发展。未来随着技术的进步和成本的降低，我们期待看到更多的中国建筑采用这些先进的抗灾害技术，从而大大提高城市整体的抗灾能力，为实现“韧性城市”的目标作出重要贡献。

8.4.3 强化基础设施和建筑的适应性

房地产业通过加强基础设施建设和灵活的建筑设计提高项目适应性，更好地应对日益严峻的气候风险。此类策略包括建立更高的地基、优化排水系统及采用能适应气候变化的建筑布局，降低潜在威胁。洪水和暴雨频发区域的建筑物地基需要加高以避免积水倒灌或被洪水淹没，提高地基高度可以确保主要生活空间远离地表水位，同时能为地下停车场、储藏室等提供更有效的排水系统。防水材料的使用与高效排水设计相结合，能够减少雨水侵蚀地基的风险，确保建筑物结构的安全。沿海地区或低洼地段的项目规划中必须合理评估海平面上升的影响，确保地基高度超过潜在的潮汐水位。

完善的排水系统是防止洪水灾害和暴雨冲击的关键。通过增加排水管道的容量，安装防洪闸和排水阀，或者设计雨水收集池，可以有效减少暴雨期间积水造成的破坏。将绿化和透水铺装材料引入项目设计，有助于雨水自然渗透，避免因排水不畅造成的城市内涝。城市公用基础设施的升级与优化应与房地产项目同步协调，使其成为一体化的防洪体系。

在建筑布局方面，灵活设计能够增强建筑物应对气候变化的能力。例如，合理安排建筑朝向和开窗位置，有助于优化室内采光和通风，减少空调和供暖的能源消耗；适当设计外墙厚度和屋顶结构，实现冬季保温、夏季隔热，降低极端气温对室内环境的影响。公共空间与服务设施的灵活配置也为住户在紧急情况下提供额外的资源保障，如备用供电设施、防灾物资储备区等。在设计和施工过程中，还需广泛采用耐气候变化的材料和技术，如能够适应高湿度和强风环境的屋顶材料，可以有效抵御暴雨和飓风的侵袭；防火材料可以减少高温和火灾风险；高强度的玻璃和门窗结构可提供额外的安全保障。随着建筑智能化技术的发展，通过传感器和远程控制系统实时监测建筑结构、供电供水系统和其他关键设施的状态，有助于及早发现问题，并进行维护和修复。

虽然强化基础设施和灵活建筑设计的策略已经被证明有效，但实施起来依然面临挑战。开发商只有具备相关的专业知识，才能准确评估项目所处区域的气候风险并制定相应对策。升级基础设施和采用高质量建筑材料会增加成本，对一些规模较小的开发商来说负担较大。为此政府和行业协会可在制定标准、提供培训和技术支持方面发挥积极作用。通过加固基础设施、采用灵活设计和优化布局，房地产企业可以显著提高建筑物适应气候变化的能力，降低潜在的自然灾害风险。强化基础设施与建筑适应性不仅有助于保障居民的居住安全与舒适，还将为整个房地产业的可持续发展奠定基础。

8.4.4 气候风险识别、评估与缓解策略

随着气候变化带来的风险日益显著，房地产业需要采取系统的方法识别、评估和管理各类资产面临的气候风险。根据第 5 章介绍的气候风险评估模型，房地产企业可以通过以下步骤开展相关工作。

一方面，全面收集房地产项目所在地区的气候数据，包括历史数据和未来预测，重点关注可能影响房地产的关键气候参数，如平均气温、极端高温日数、降水量和干旱指数等，这些数据可以从气象部门、环境机构、学术机构等渠道获得。企业还需要详细了解持有资产的地理位置信息，根据资产的具体坐标、海拔高度、周边环境等，判断其可能面临的特定气候风险，如位于洪泛区或海岸线附近的资产面临更高的洪水或海平面上升风险。

另一方面，根据气候风险评估的结果，房地产企业可制定有针对性的风险缓解策略：对现有资产进行物理性改造如加固建筑结构、优化排水系统、提高地基高度等，提高资产抵御气候灾害的能力；新开发项目则需要从选址阶段开始纳入气候风险考量，尽量避开高风险区域；加强资产的运营管理和应急预案，密切监测气象预警信息，制定极端天气下的应急响应流程，并对员工开展相关培训演练，确保灾害发生时能够迅速采取措施，以最大限度减少损失；通过金融手段转移风险，合理利用保险工具，将部分气候风险转移给保险公司承担，与其他企业或政府建立风险分担机制，共同应对区域性的系统风险；积极参与区域气候治理，与地方政府、社区组织等合作，推动区域内基础设施的气候适应性改造，提升房地产所处区域整体的气候韧性。

通过上述识别、评估、管理的闭环流程，房地产企业可以更好地应对气候变化带来的风险和不确定性，但这需要企业投入专业的人力物力，与多方主体展开合作，企业还需密切关注气候科学和减灾技术的最新进展，随时调整优化风险管理策略。未来气候风险管理将成为房地产业可持续发展中不可或缺的一部分。

第 9 章 政策与监管的角色

9.1 国家政策的导向

9.1.1 碳排放政策与税收激励

在全球范围内，应对气候变化的形势愈加紧迫，碳排放政策与税收激励成为政府推动经济走向低碳发展的重要工具。通过碳税和排放交易系统等政策，政府希望通过经济手段促进低碳技术的使用，同时为企业提供税收优惠与财政补贴，激励其减少温室气体排放。碳税是一种直接的政策手段，其目标是将碳排放的外部成本内部化，在这种税收政策下，碳含量高的化石燃料产品及其消费将被征收额外的费用，直接抬高其使用成本，从而引导消费者和企业转向更加环保的选择。企业因碳排放增加的成本将促使它们改进生产流程，减少化石燃料的使用，寻求更多节能减排的创新方法，这不仅能够帮助企业实现更高的能源利用效率，还可以推动整个社会对清洁能源的需求，使可再生能源项目在市场中更具竞争力。

排放交易系统是一种更灵活的政策手段，通过给企业设定排放上限并允许它们在达标的基础上交易剩余排放配额，以市场为导向激励企业进行减排。政府或监管机构根据整体减排目标，分配给每个行业或企业一定的排放配额，若企业的排放量低于其配额，可以出售多余的排放权获利；反之，则需从其他企业购买排放权。此举不仅为减排提供经济激励，还能鼓励企业在生产中运用更先进的减排技术。整个系统是市场化的，能够使企业在不同配额价格下灵活调整排放策略，有助于经济整体的平稳运行。

除了碳税和排放交易系统，税收优惠和财政补贴等激励政策也在推动低碳经济中发挥着重要作用。针对企业在减排方面的投资，政府提供税收优惠或直接补贴以弥补其在研发和部署新技术上的初始成本。这类政策使清洁技术的应用更加经济可行，从而降低了企业转型的风险。对于建设风能和太阳能等可再生能源项目的企业，政府提供免税、退税和贷款优惠，使其能够迅速回收成本，增加可再生能源在市场上的占比。税收激励政策也引导企业在新产品设计和生产过程中优先考虑环境友好性，对符合节能标准的产品和设备给予优惠税率，既激励企业提供更多绿色产品，又能吸引消费者更多选择这些产品。在公共交通、电动汽车和节能建筑等领域，补贴和税收优惠的实施将进一步促进低碳技术的广泛普及。

然而，碳排放政策和税收激励在执行过程中仍面临一些挑战，碳税政策的税率设计需要考虑不同产业和区域的承受能力，以免对某些行业造成过重负担。碳排放交易系统需要完善配额分配和监管体系，以防止配额过度发放、操纵价格或规避监管等问题。税收激励和财政补贴政策应确保针对性与公平性，避免优惠政策被滥用或导致市场竞争失衡。碳排放政策与税收激励作为重要的国家政策导向，在推动低碳经济发展和鼓励清洁技术应用方面成效显著。未来完善这些政策措施，有望继续引导企业积极投身绿色创新，实现经济和环保效益的双赢。

9.1.2 可再生能源的支持与发展策略

国家政策通过多种措施为可再生能源的开发和推广提供支持，确保清洁能源项目能够获得稳定的资金、税收优惠和电网接入权，从而加速其商业化应用，并减少对传统化石燃料的依赖。在资金支持方面，政策提供直接补贴和优惠贷款，帮助新项目克服初始成本高和回报周期长的问题，使其能够尽早投入运营，如设立专门的资金池或开发银行贷款计划，为风能、太阳能、地热和生物质能项目提供长期低息贷款和融资，或以现金形式直接补贴发放。根据项目的规模和贡献度分级评估，有助于吸引更多企业和个人投资可再生能源。

税收优惠措施可以显著降低可再生能源企业的税务负担，包括免税、减税和退税政策等。对于新成立的可再生能源企业，给予一定期限的企业所得税减免；

对生产清洁能源设备的制造商，提供销售税和增值税方面的优惠。通过降低这些企业的运营成本提升其在市场上的竞争力，并将更多的资源用于技术研发和生产扩张。电网接入权作为可再生能源产业发展的关键要素，也是政策重点支持的领域，通过优先接入电网的政策，保障清洁能源项目的电力能够让消费者优先使用，提高它们的市场份额。电网公司也需要完善配套设施，使风能和太阳能等能源的间歇性与不稳定性不会对整个电力系统造成过大冲击。灵活的电力调度和储能技术将为电力系统提供缓冲，确保可再生能源的供应稳定可靠。

政策还通过设立强制性可再生能源配额或制定长期发展目标，为行业提供明确的发展方向。在配额制下，电力生产商需确保一定比例的电力来自清洁能源，否则将面临罚款或需要购买可再生能源凭证，这不仅在市场上创造了额外的需求，还激励企业积极开发风电、光伏、地热等项目。长期发展目标则为行业制定了明确的时间表和任务，确保政府、企业和社会各界都能协同努力。为了推动可再生能源技术的普及，制定相关政策积极倡导研发和示范项目，并在试点阶段提供额外支持。政府资助大型研发中心、大学和企业的技术研究项目，为先进的风力发电、光伏电池、储能系统和生物质能源生产技术的研发提供稳定的资金保障。对于示范项目，通过政策性资金或土地优惠的方式降低试点项目的成本，确保这些先进技术能够尽早投入商业化应用。

虽然政策的支持对可再生能源发展具有重要意义，但仍需克服一些挑战，如不同地区的资源禀赋差异和市场需求不同，从而导致政策实施效果不一。部分企业面临过度依赖补贴或税收优惠的问题，同时电网系统升级改造的成本和可再生能源项目的间歇性供应也对产业的整体布局提出了更高要求。国家政策在可再生能源发展中扮演着至关重要的角色，为产业的发展提供稳定的资金、政策和技术支持。随着这些措施的不断完善，可再生能源将在电力系统中占据更大的比重，并推动经济朝着更加可持续的方向前进。

9.1.3 绿色建筑与基础设施标准

国家政策通过制定绿色建筑和基础设施的标准与要求，鼓励在建筑设计和施工中采用节能材料与技术，引导建筑行业朝向更环保和高能效的方向发展。这些标准的推行，旨在减轻整个建筑行业的碳足迹，为社会的可持续发展奠定基础。

绿色建筑标准覆盖了项目的全生命周期，包括设计、施工、运营和废弃阶段。设计环节强调建筑物的空间利用和布局优化，通过合理的朝向、遮阳和通风设计，最大程度上利用自然采光和空气流通，降低对人工照明和空调系统的需求。智能化管理系统和节能设备的使用，能够使空调、照明和供暖等系统在日常运营中实现更高的能源效率。在材料选择上，绿色建筑标准要求使用更环保和更耐用的建筑材料，其中，高效保温的墙体、隔热玻璃及节水型卫浴设施等都是绿色建筑的重要组成部分。通过采用这些材料可以显著提高建筑物的整体能效，降低取暖和制冷的能源消耗，同时，应减少对不可再生材料的使用，鼓励采用再生材料及本地资源，以减少因材料运输和生产导致的碳排放。

在施工阶段，绿色建筑标准强调使用节能设备、减少建筑垃圾及采取低环境影响的施工方式。如使用高效机械和减少施工现场的能源消耗，优化运输路线以降低油耗等。提倡对建筑废料回收和再利用以避免过度浪费资源，减少垃圾填埋和焚烧对环境的二次污染。在运营阶段，绿色建筑标准注重通过技术手段与管理措施，确保建筑长期保持高效运作，节能型电器、智能照明和可再生能源供电系统等设施的应用，使建筑物能够更好地适应不同气候条件，通过智能管理系统实时监测和调节能耗，确保供暖、空调和照明等系统的能源利用效率。与此同时，根据要求制订详细的节能管理计划，确保运营团队持续改进运营方式，减少能源浪费。在废弃阶段，绿色建筑标准提倡对老旧建筑翻新改造或充分利用可回收材料，对有潜在价值的建筑结构和材料进行处理后可在新建筑中重新使用。分类处理拆除或改造产生的建筑废料，确保将废料重新用于生产或加工，避免浪费资源，减轻环境负担。

政策的支持是绿色建筑标准实施的关键。通过制定鼓励政策与提供财政支持（如税收优惠、低息贷款、补贴等），确保开发商和业主有动力与能力建设和使用符合标准的项目。政府在公共建筑和基础设施项目中应率先执行这些标准，为行业树立榜样。行业协会、科研机构和专业组织也应提供培训与技术指导，帮助设计师、建筑师和施工人员更好地理解并执行标准要求。在实践中推行绿色建筑和基础设施标准依然面临一些挑战，包括高成本、缺乏经验和技术人才等。开发商在建筑初期的投资可能较大，但由于绿色建筑的长远经济与环境效益，已逐渐得到市场认可。技术创新、政策完善和市场引导的结合，将促使绿色建筑标准在未来更广泛地得以应用，为建筑行业的可持续发展提供新的动力。

9.1.4 气候适应性与灾害管理法规

为应对气候变化和极端天气带来的挑战，相关法规要求城市与地方政府在规划和建设基础设施时，应充分考虑这些变化的影响（如海平面上升和极端天气事件等），这些法规旨在确保社区和基础设施能够在未来的气候变化中保持适应性与韧性。城市规划和基础设施建设需要充分了解各个地区可能面临的具体气候风险，地方政府和相关机构应结合历史数据、科学模型和最新预测，识别所在区域的潜在风险并据此规划应对策略。例如，沿海城市需根据海平面上升和风暴潮进行预测，划定合理的防护线并设计相关排水系统；内陆地区则要考虑极端高温、干旱和洪水等问题，并制定与之相适应的应急预案和基础设施建设规划。

法规明确了新建或翻新的基础设施必须满足应对未来气候变化的标准，如城市排水系统的设计需能够处理更高的降水量，防止极端暴雨引发的内涝或洪水；公共建筑和关键设施则需位于较高地势，避免海平面上升或洪水的影响；在城市交通系统的规划中，需要设计替代路线或备用设施，以确保灾害来袭时交通系统的基本运转。为了确保法规的执行，相关部门对新项目的规划和设计需进行严格审核，要求在项目初期评估其气候适应性。在建设过程中需遵循相关施工标准，确保防洪、抗风和抗震等技术措施能够在未来极端天气中发挥效用。

法规要求各级政府在灾害发生前制订完善的管理与应对计划。在社区层面，应建立预警和信息共享系统，让居民提前了解极端天气预报并采取相应的避险措施；地方政府需确保应急物资和设施齐备，包括饮用水、医疗用品和备用发电设备等，以便在灾害发生后快速展开救援工作。法规还强调灾后重建的韧性与可持续性，地方政府需确保基础设施修复和社区重建时，能够采用更加耐久、节能和抗灾的技术与材料。通过在重建过程中引入适应未来气候变化的设计理念，使新建建筑与基础设施具有更高的防灾能力，避免在未来灾害中再度受损。

尽管法规的制定与执行为城市和社区的适应性提供了重要保障，但在实际推进过程中仍面临诸多挑战，不同区域的气候风险和经济水平差异较大，难以制定统一的标准和策略；在规划和建设过程中，需协调各部门的利益和资源分配以确保法规的有效实施；需要进一步加强公众对法规的认知与理解。为了让社区更好地参与到适应与防灾的行动中，气候适应性和灾害管理法规的出台与实施为各级政府提供了明确的政策框架，引导城市规划与基础设施建设注重未来的气候风险。通过严格的设计标准、完善的应急预案及公众参与的管理模式，这些法规将帮助城市和社区增强适应能力，确保能够在未来的气候变化中保持韧性和稳定。

9.2 国际协议和合作的力量

9.2.1 联合国气候变化框架公约

联合国气候变化框架公约（United Nations Framework Convention on Climate Change，UNFCCC）是一个致力于减缓全球温室气体排放及对抗气候变化负面影响的全球性环境条约。作为国际社会商讨气候行动和目标的平台，其在各国之间建立了合作基础，推动全球气候治理体系的发展。该公约最初的目标是防止危险的人为气候变化，并推动全球实现可持续发展，通过制定协议和计划，在成员国的共同努力下，将全球平均气温升高幅度控制在一个可接受的范围内。各国在谈判过程中应协调自身目标，寻找共同利益，制订各自的温室气体减排计划并承诺采取行动加以落实，这一框架为全球的气候行动和合作提供了基础性指引。

通过定期召开的缔约方大会，各国不断审议和修订应对气候变化的策略与目标，大会为成员国提供了交流经验和分享进展的机会，确保各国能够及时了解全球减排的最新形势和挑战。这一机制有助于强化对各国的监督与指导，推动其切实履行减排承诺。作为全球环境治理的支柱之一，公约强调发达国家和发展中国家的差异，体现了共同但有区别的责任原则。发达国家作为历史排放的主要责任方，需要在技术转让和资金援助上对发展中国家提供支持，帮助其实现可持续发展并应对气候变化带来的负面影响。公约的资金机制在此方面发挥了关键作用，通过设立绿色气候基金等专项基金为发展中国家提供了资金支持。

公约还强调科技创新和知识共享的重要性，促进各国在清洁能源、节能减排和适应性建设等领域加强技术合作。研究机构和国际组织受邀参与相关工作，提供数据分析、科研支持和技术评估，为政策制定者提供科学依据。公约为全球应对气候变化设立了明确的目标，包括建立全国温室气体排放清单、提高能效、增强森林碳汇、发展可再生能源及推动公众环保意识的提高等。通过具体行动计划，成员国可以在框架内协调各自政策，确保全球的努力方向保持一致。

尽管公约为全球应对气候变化提供了关键性的指导框架，但实际执行中仍面临不少挑战。各国的经济发展水平和利益诉求存在差异，可能导致在目标设定和责任分配上产生矛盾，部分国家的实际行动可能落后于自身承诺，对全球整体减排目标造成影响。因此，公约需要持续改进相关机制，确保各国能够切实履行承诺，同时加大对发展中国家的援助力度。UNFCCC 在全球气候治理中起到了重要作用，通过谈判和合作为国际社会提供了行动与协调的平台，推动各国制定减排目标，落实可持续发展战略，并为减少温室气体排放和抗击气候变化的负面影响提供了明确的指导。未来需进一步完善公约机制以及促进合作与技术创新，使其继续在全球环境治理中发挥更大的影响力。

9.2.2《巴黎协定》的承诺与执行

《巴黎协定》作为 UNFCCC 的一部分，旨在全球范围内遏制气温上升，将上升幅度限制在 2 摄氏度以内，并努力将上升幅度控制在 1.5 摄氏度以内。各缔约国基于自身的国情和能力，设定各自的减排目标并承诺持续更新和履行这些目标，确保全球气候治理具备透明度和可持续性。协定为缔约国提供了减排目标和行动框架，在设定目标方面，各国通过“国家自主贡献”（Nationally Determined Contributions，NDCs）机制，制订个性化的减排计划，涵盖能源、工业、农业、交通和建筑等领域，并明确实施的时间表与路线图。虽然各国的减排承诺和目标不同，但共同的努力方向是提高能效，减少化石燃料使用，推广可再生能源，实现对全球气温上升的控制。

定期更新和改进减排目标是协定的一项重要要求。各缔约国必须每 5 年提交一次新的国家自主贡献，承诺目标应体现逐步加强的原则，意味着后续的贡献应优于此前的目标。在这个机制下，各国被要求不断提高气候行动的力度，保证全球减排的整体水平能与科学建议的目标相符。《巴黎协定》还注重增强透明度与问责机制，确保缔约国的承诺和执行能够得到国际社会的有效监督。在这个框架下，各国需要定期提交温室气体排放的清单报告，并汇报减排进展。建立全球透明体系可以为各国提供同行对标的机会，并通过经验分享和互相学习提高减排效率。定期召开的全球盘点会议主要评估整体进展，确保全球努力方向一致。

对于发展中国家而言，协定特别强调技术转让与资金支持的重要性。通过设立绿色气候基金等专项资金，发达国家承诺每年提供 1000 亿美元，帮助发展中国家在清洁能源、可再生能源、减排技术和能力建设方面取得实质性进展。协定鼓励发达国家在适应和减缓气候变化的技术研发方面加强国际合作，帮助发展中国家提升可持续发展水平并应对气候变化的影响。协定的另一重要目标是提升各方应对气候变化带来的风险与灾害的能力，强调适应性措施的重要性，通过建立损失与损害机制，为最脆弱的国家提供援助，确保其在极端天气、海平面上升和干旱等灾害中获得足够的技术与资金支持。

尽管《巴黎协定》为全球气候行动提供了明确的框架和方向，但各国在承诺与执行方面仍面临挑战。部分国家的减排目标可能不够充分，难以将全球气温上升幅度保持在理想范围内，同时资金支持与技术转让的落实仍需加强，以满足各国减排和适应的实际需求。《巴黎协定》的承诺与执行是全球应对气候变化的重要举措，在国家自主贡献、透明监督、技术合作和资金支持的框架下，协定有望引领全球走向更可持续的未来。各国应在协定框架内不断完善气候目标，加强合作与协调，确保全球温室气体排放逐步减少，共同应对气候变化的挑战。

9.2.3 跨国界环境问题的合作

气候变化作为一种跨国界的挑战，亟须各国开展紧密的国际合作。通过资源、信息和技术的共享，各国能够更加有效地应对环境问题，包括空气污染、水资源管理和生物多样性保护等。空气污染作为跨国界的环境问题，已经影响到全球范围内的人类健康与生态系统。各国应共同监测和分享空气质量数据，识别污染源并制订区域性的减排计划，在此基础上，合作制定区域性污染控制法规和推动清洁能源的普及与应用，以及引入更高效的技术以实现空气质量的整体改善。例如，控制某种污染物的排放标准需要各国在技术和政策方面达成一致，并确保不同地区的减排举措互相协同，避免出现单一国家难以解决的跨境污染问题。

在水资源管理方面，跨境流域的水资源利用和保护需要平衡上下游各国的利益，各国在流域的综合治理和生态保护方面应开展密切合作，制定统一的水质标准，确保水资源的合理分配和可持续利用。通过联合研究机构和技术团队，各国可以共同研究减少农田径流、工业废水和生活污水对水源污染的方法，并引入先进的净水技术。水库和水坝的联合管理也可以防止极端天气引发的洪水或干旱等问题，从而有效降低对下游地区的影响。

在生物多样性保护方面，跨国界的合作对保护迁徙动物、维护濒危物种栖息地和防止外来物种入侵至关重要。各国可以协调跨境保护区的设立，统一管理规则，确保迁徙途中的野生动物能够得到全方位的保护，并建立物种数据库，实时共享重要物种的分布和栖息地信息，及时监测其数量和生态状况。针对外来物种的入侵，各国可以相互分享防控经验，并制定相应的管理法规。信息与技术共享是实现有效合作的重要手段，通过建立全球数据库或区域性信息网络，能够为各国的科研机构、政策制定者和环保组织提供开放及全面的环境信息。国际组织和合作机构可以为各国引进先进的环保技术、加强能力建设提供支持，气象预警系统、卫星遥感技术和高效的污染处理设施等都能在各国的实践中共享经验，减少开发成本，提高应对效率。

尽管跨国界环境问题的合作在理论上非常重要，但实际操作过程中仍面临许多挑战。各国之间的经济发展水平、技术能力和政策目标存在差异，难以在短时间内达成一致，国家间的利益冲突和对合作框架的不信任也使协作难以展开。因此需要加强政府间对话、搭建更全面的沟通平台，以及在国际组织的协调下建立行之有效的合作机制。跨国界环境问题的合作为各国在应对全球气候变化、空气污染、水资源管理和生物多样性保护方面提供了广阔的发展空间，通过数据和技术的共享，以及统一的政策和监管框架，能够使各国在追求自身发展利益的同时，实现环境保护的目标。

9.2.4 全球绿色金融机制

为了推动全球经济向低碳和可持续方向转型，国际社会推出了多种绿色金融机制，包括绿色债券、气候基金和碳交易市场，推出这些工具的目的是为环保项目提供资金支持，帮助各国应对气候变化挑战，并为减排、可再生能源和适应性建设等领域提供保障。绿色债券是一种金融机制，发行方将筹集的资金用于支持环保项目，投资者也可以从中获得稳定回报，这些债券多用于可再生能源、能效提高、污染治理和生物多样性保护等领域。发行方通常为政府、金融机构或企业，通过发行债券吸引投资者，将资金集中投入符合绿色标准的项目。绿色债券的优势在于既能确保资金用于环保项目，又让投资者将社会责任与经济收益相结合，吸引了大量关注。

气候基金是另一种关键的绿色金融工具，旨在为发展中国家的环保项目提供资金援助，尤其关注适应性建设和清洁能源开发。基金通常由发达国家、国际组织和私人企业提供，资金用于投入基建、技术推广和能力建设等方面。绿色气候基金是最著名的气候基金之一，其目标是每年筹集 1000 亿美元，为发展中国家的减排项目提供稳定的资金来源，并支持其实现可持续发展。通过直接投资、贷款和风险担保等方式，这些基金确保项目在财务上的可行性。碳交易市场是绿色金融机制的一个核心组成部分，该市场通过设定碳排放总量限制，并允许企业间进行排放配额的买卖，激励企业主动减少碳排放，排放量低于配额的企业可以出售多余的排放权，而排放超过配额的企业则需要购买额外的排放权，从而形成清晰的碳价格信号。这样一来，碳排放被赋予了明确的价格，刺激企业通过技术改进或运营优化来降低排放量，此举有效降低了整个经济的排放水平，为减排目标的实现提供了灵活的手段。

在全球绿色金融机制中，国际组织与多边开发银行扮演着重要角色。通过贷款、技术援助和投资担保等多种方式，支持不同规模的项目，确保发展中国家能够有效利用绿色金融机制实现低碳发展。私人金融机构也积极参与其中，通过绿色投资基金、信贷计划和绿色保险等方式推动绿色金融市场的发展。虽然全球绿色金融机制取得了显著进展，但仍存在诸多挑战，不同国家的监管制度和标准存在差异，难以建立统一的绿色金融标准。对发展中国家而言，项目开发和融资能力不足导致无法充分利用这些机制，部分绿色项目的经济收益较低，难以吸引私人投资者参与。

为克服这些挑战，需要在监管、标准和能力建设方面加强协调，制定明确的绿色金融标准和披露要求，使投资者能够评估项目的真实环境效益，完善监管制度，确保金融机构提供透明、公正的融资服务，避免绿色金融被滥用。与此同时，需要加强发展中国家的能力建设，提高其获取资金和管理项目的水平。全球绿色金融机制在支持气候行动和推动经济转型方面发挥着至关重要的作用，通过绿色债券、气候基金和碳交易市场等工具的协调发展，为环保项目提供了稳定的资金支持，并在经济和环保效益之间建立起有效的平衡。绿色金融机制如图 9-1 所示。

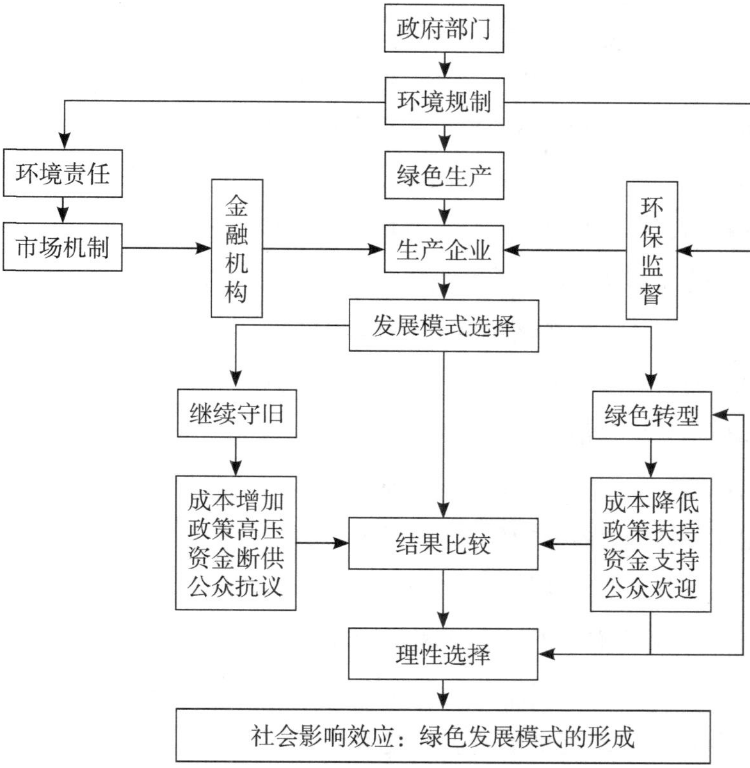

图 9-1　绿色金融机制

9.2.5 科技的国际合作与知识共享

科技进步与知识共享在加强国际合作和推动环境保护与气候适应措施方面发挥着至关重要的作用。借助国际会议、合作研究和技术转让，各国能够更有效地增强应对气候变化的能力，优化全球环境治理的方式。国际会议为科技与知识共享提供了重要平台，来自世界各地的政府、科研机构和非政府组织代表可以交换最新的研究成果与政策经验。通过讨论和分享，参会者能够深入了解不同地区的气候问题，并学习其应对措施。例如，在联合国气候变化大会等国际会议上，缔约方可以围绕共同的挑战进行探讨，制定协同应对方案，这样的会议不仅是分享科技与知识的场所，还是制定全球战略的起点。

合作研究进一步加强了科技与知识的交流。通过建立国际性研究项目，科研机构和政府部门能够联合探讨气候变化、空气质量、水资源与生物多样性等领域的重大课题，此类项目通常由多个国家共同参与，并共享研究资金、数据和技术，为解决全球性问题提供更广阔的视角和更多的资源。例如，国际科学合作组织（如政府间气候变化专门委员会）汇集了全球顶尖的科学家，共同开展气候变化的研究，确保政策建议基于最先进的科学依据。技术转让在气候治理和环境保护中不可或缺，发达国家在减排技术、可再生能源和环保产业方面的积累，为发展中国家提供了重要的技术支撑。在可再生能源领域，风能和太阳能的技术转让使发展中国家能够更快地普及清洁能源，提高其能源结构的可持续性，而环境保护技术的应用则涵盖污水处理、空气净化和固废管理等方面，不仅帮助发展中国家更好地管理环境资源，而且可以降低工业化进程中的环境影响。

知识共享还包括数据与信息的开放和传播，气候数据、污染排放指标和水资源分配等信息能够通过数据共享平台供各国研究机构与政府参考。全球卫星遥感网络和气象数据监测站等为各国的环境管理提供了统一且精确的信息基础，数据共享让决策者能够充分了解全球的环境趋势，科学评估不同政策的效果。

在科技与知识共享的推动下，全球环境治理机制不断优化，各国能够在相似问题上进行协同合作，形成更全面的政策应对措施。科技创新的不断发展为气候适应和减排目标的实现提供了更多的技术手段，确保各国能够在遵循国际框架的基础上，实现自身的可持续发展目标。尽管科技与知识共享在国际合作中已展现巨大潜力，但仍面临一些挑战，一方面，部分国家可能因经济或技术能力有限而无法充分利用共享的资源；另一方面，对知识产权的顾虑也使得一些关键技术难以顺利转让，各国在数据和信息的收集、分类与管理上存在差异，从而影响数据共享的效率。

为解决这些问题，国际社会需要继续完善相关机制，政府应提供资金支持，帮助欠发达地区建设科研基础设施与数据网络，提升其科技利用水平；建立知识产权保护与共享机制，确保技术转让既能推动环保事业发展，又能保护创新者的利益。科技与知识共享作为国际合作的重要一环，将为全球环境保护与气候适应措施提供强大动力。通过密切的合作与共享，各国能够科学地应对气候变化的挑战，推动全球治理体系向更高效和更可持续的方向发展。

9.3 透明度与报告要求

9.3.1 气候相关财务信息披露标准

为了提升公司治理质量和市场透明度，监管机构推动气候相关财务信息披露标准的实施。此类标准要求企业定期公开业务活动对气候的影响，以及气候变化对财务状况的潜在影响，帮助投资者和公众作出更为明智的决策。这些标准为企业提供了清晰的框架，指导其报告与气候变化相关的风险和机遇。另外，企业需要详细披露与温室气体排放、能源使用和资源消耗相关的指标，展示其运营活动对气候的影响，这一信息包括温室气体排放的量化数据、清洁能源使用、污染物排放和节能措施相关的具体信息，使外界能够更好地评估企业的碳足迹和环保表现。

企业还需评估气候变化可能对业务和财务状况造成的潜在影响。极端天气事件、法规变化和市场趋势等方面的风险都会影响企业的生产、供应链、成本和市场竞争力。例如，持续的高温和干旱可能使农业企业的作物产量下降，导致收入减少和运营成本上升；碳排放法规的调整可能增加重工业的合规成本。此外，披露此类风险信息，有助于投资者评估企业的长期可持续性，并作出更合理的投资决策。企业还需描述管理气候风险的策略，包括如何识别、评估和应对这些风险。另外，企业可以通过风险管理框架将气候相关风险纳入整体的业务战略，并制订相应的应对计划。例如，投资绿色技术、优化供应链结构和改善能源效率等措施都是企业适应气候变化的重要手段，企业还应披露其在治理结构和政策制定中如何考虑气候风险，以及董事会和高层管理人员在这一过程中应承担的职责。

此外，气候相关财务信息披露标准要求企业披露其在应对气候变化方面取得的进展，如减少温室气体排放和提高能源效率或实现可再生能源使用比例的目标设定与执行情况，这些信息能够帮助投资者识别企业的环境承诺，并评估其实现这些目标的可信度。监管机构鼓励企业在披露气候信息时遵循全球公认的报告框架，如 TCFD 和全球报告倡议组织（Global Reporting Initiative，GRI）等。这些框架为企业提供统一的标准，确保了报告内容的完整性和可比性。通过遵循这些框架，企业可以更系统地识别和披露相关信息，让投资者和利益相关方更容易获取信息并理解。

尽管气候相关财务信息披露标准为市场透明度提供了明确指引，但不同企业在气候信息披露的深度和广度上存在一定差异。部分企业可能缺乏数据或技术能力来准确评估和披露其业务对气候的影响，投资者和公众对披露信息的期望不断提高，企业需要与时俱进地改进信息披露的方式和内容。气候相关财务信息披露标准的推行有助于提升企业管理水平和市场透明度，使投资者和利益相关方更深入地了解企业的气候战略与表现。通过更好地识别和管理气候风险，企业可以确保自身长期可持续发展，并为全球应对气候变化贡献力量。

9.3.2 碳足迹和温室气体排放报告

企业被要求定期测量并报告运营过程中产生的碳足迹和温室气体的排放量。这种报告机制使企业能够更好地识别其减排潜力，优化运营效率并且能够满足政府和国际组织的碳减排要求。碳足迹和温室气体排放报告为企业提供了评估自身环境影响的清晰视图，通过数据采集与分析，企业能够全面掌握自己在生产、运输、供应链、用电和废弃物处理等环节中产生的排放情况。这一过程不仅包括直接排放量，还涉及间接排放量的计算，如电力采购或供应链活动导致的排放。在此基础上企业可以确定不同环节的减排潜力，制订更具针对性的减排计划，确保行动措施符合长期环境目标。这些报告不仅反映当前的碳排放水平，还通过历史数据的对比揭示排放趋势，帮助企业发现过去措施的成效和不足，进一步完善未来的减排策略。通过设置基准年份和分阶段目标，企业可以逐步缩小自身的碳足迹，同时避免过高的成本和运营风险。

除了有助于制订减排计划，碳足迹和温室气体排放报告还能推动企业改进生产与运营效率。许多企业发现，在寻找减排潜力的过程中，优化能源和资源的使用同样能够节约成本。例如，在生产环节引入节能设备或在办公场所应用智能电表，可以帮助企业显著减少能源和原材料的浪费并提高物流效率，从而间接降低排放。这些改进措施不仅减少了环境影响，还提升了企业的整体效益。碳足迹报告机制的实施也是企业履行社会责任和法律义务的重要手段，越来越多的国家引入了碳排放配额和碳税或排放交易市场等政策，要求企业遵循更严格的排放规定。通过定期报告，企业能够确保其运营符合环境法规，并能应对未来监管变化带来的合规风险。在国际范围内，碳足迹和温室气体排放报告为企业参与全球环保行动提供了依据，无论是 UNFCCC 下的国家贡献，还是全球可持续发展目标，报告信息都有助于各利益相关方掌握企业在气候治理中的贡献。

在报告机制的推动下，企业能够通过积极披露自身的碳排放信息，向客户、投资者和公众展现其对环境保护的承诺，这种透明度有助于提升企业的声誉，让其更容易获得消费者和资本市场的认可与支持。尽管碳足迹和温室气体排放报告为企业提供了明确的方向，但部分企业由于缺乏经验、技术和数据基础，在准确测量和报告排放量方面仍存在困难，导致不同行业和地区在报告方式与标准上存在差异，影响数据的可比性。

为应对这些挑战，企业可以参考全球公认的报告标准（如温室气体核算和报告标准或 GRI 标准），确保报告内容完整和数据可靠。此外，政府和相关机构也应提供必要的技术支持和能力建设，帮助企业提升报告能力。碳足迹和温室气体排放报告在提升企业环境管理水平、优化运营效率、满足监管要求和增强公众信任方面起着关键作用。通过加强信息披露和数据分析，企业可以更好地识别减排潜力，为全球碳减排和可持续发展作出贡献。

9.3.3 企业社会责任与可持续报告

企业社会责任与可持续报告如今已成为企业透明度的重要一环，涵盖环境保护、社会贡献和公司治理等方面。通过这些报告，企业展现其对社会和环境责任的承诺，提升公众信任与品牌价值。在环境保护方面，可持续报告全面呈现企业在资源使用、能源消耗、温室气体排放和废弃物管理等方面的表现，帮助利益相关方了解其环境影响。此类报告揭示了企业在生产流程中如何优化能源使用、降低碳排放，以及实施水资源和土地的可持续管理，还反映了企业如何在产品设计、制造和供应链环节中使用环保材料、减少污染并提高产品的循环利用率。通过这些努力，企业不仅履行了对环境的承诺，还通过创新技术和绿色设计推动业务增长。

在社会贡献方面，可持续报告展示了企业在员工权益、社区参与和供应链责任上的举措，揭示了企业在保障员工健康、安全和职业发展上的投入，确保员工在安全、包容的环境中成长。与此同时，企业阐述了其在当地社区中开展的项目（如教育、医疗、就业和基础设施建设等），通过这些项目，企业能够与社区建立密切联系，确保生产运营对社区发展产生的积极影响。供应链责任的报告确保合作伙伴应遵守相应的劳动、安全和环保标准，形成完整的可持续发展生态。

在公司治理方面，报告强调了企业在董事会组成、反腐倡廉和信息透明等方面的管理措施。企业通过建立完善的治理架构和内控机制，确保高层决策符合可持续发展原则。通过披露管理层的多元化、薪酬激励方案和内部审计流程，企业展示了自身在风险控制和合规管理上的投入，而反腐倡廉与合规方面的努力确保企业能够赢得公众的信任，并在市场中保持良好的声誉。企业社会责任与可持续报告的意义不仅在于满足监管机构的披露要求，还在于向投资者、客户和合作伙伴传递企业价值观。在社会责任和环境保护日益受到关注的当下，这些报告成为投资者决策的重要参考依据，投资者希望看到企业不仅有良好的财务业绩，还在环境与社会方面具有长期的可持续性。报告帮助企业提高与客户和公众的互动，使其了解企业如何在可持续发展的道路上稳步前进，从而提升品牌价值。

尽管企业社会责任与可持续报告的编制有诸多益处，但在实际操作中仍面临一些挑战。部分企业缺乏完善的数据体系，难以准确量化其环境和社会影响，导致报告信息不够完整或准确，不同行业和地区在报告标准与指标上存在差异，影响了信息的可比性。因此，企业需要借鉴全球公认的报告框架，如 GRI 或可持续会计标准委员会（Sustainability Accounting Standards Board，SASB）的指引，确保报告内容全面和数据可靠。监管机构应通过法律法规，规范企业的报告内容，避免信息披露不透明或流于形式。政府和行业协会应加强培训与能力建设，帮助企业建立有效的报告体系和数据采集流程，企业社会责任与可持续报告为企业展示其对社会和环境责任的承诺提供了清晰路径。通过信息披露，企业可以与利益相关方建立信任，共同推动可持续发展。

9.3.4 第三方审核与认证过程

为了确保气候报告和环境声明的准确性与公信力，第三方审核与认证过程显得至关重要。通过专业机构的独立评估，企业能够验证其环境保护措施和数据报告的有效性，增强在市场中的可信度。第三方审核和认证机构通常具备丰富的专业知识，能够提供独立且客观的评估。首先，了解企业的行业背景、运营模式和特定的环境目标；其次，制定一套符合标准的评估框架。在审核过程中，这些机构会检查企业的生产流程、能源和资源使用、供应链管理以及废弃物处理等关键环节，以评估其运营活动对环境的影响。

审核与认证工作需要通过收集和审查并核实企业提供的数据，确保其与实际情况相符。例如，企业提交的温室气体排放数据和碳足迹报告或可再生能源的使用情况都需要经过严格的核实，以确保测量和计算方法的准确性与一致性。通过对比历史数据和行业基准，审核机构还可以识别企业在数据报告中的潜在错误和漏洞，并提出改进建议。在核实数据的基础上，审核与认证机构还需要评估企业环境保护措施的有效性，包括节能减排计划的执行、污染防治措施的落实、可再生能源的应用，以及供应链管理的改善等。通过对这些措施的独立评估，机构能够判断企业的环境策略是否具备可行性和持续性，并能针对存在的问题提供优化建议。

除了评估运营和策略，审核与认证机构还会检查企业内部的管理流程和合规性，有效的环境管理体系应确保企业对环境责任的承诺贯穿于各个层级的运营之中，并有明确的目标和监督机制。机构通过审查管理层的治理框架、政策制定和内部审计机制，确保环境管理符合相关法规和国际标准。认证过程完成后，机构通常会为企业颁发独立的审核报告或认证证书，详细说明企业在环境管理方面的表现，该认证不仅能提高企业在市场中的可信度，还能让利益相关方清楚地了解企业对环境责任的承诺。在众多绿色产品和环保技术中获得认证的企业在市场竞争中具有明显优势，能够更有效地吸引投资者和客户的青睐。

虽然第三方审核与认证在提升企业透明度和公信力方面发挥着重要作用，但企业在数据收集和报告流程中可能面临技术障碍，难以提供完整且准确的数据，而不同行业和地区的标准差异也会影响审核与认证的公正性和一致性。因此，专业机构在执行认证工作时，应遵循全球认可的审核标准和指引，确保评估的公正性与准确性，另外，企业也需要在管理和运营中提升数据收集和分析能力，确保提供给认证机构的报告准确且透明。政府和行业组织可通过培训与能力建设，帮助企业建立完善的管理体系和数据报告流程。第三方审核与认证过程是确保气候报告和环境声明准确性与可信度的重要工具，通过专业机构的独立评估，企业能够更好地验证其环境措施和报告，赢得市场和公众的信任，同时为全球可持续发展作出贡献。

9.3.5 利益相关方沟通与参与机制

有效的利益相关方沟通与参与机制在政策和企业活动的透明度上起着关键作用。通过定期与投资者、客户、社区和政府进行沟通，企业可以展示对气候变化的积极响应，并收集相关方的反馈，改进策略与操作，此外，定期向投资者传达企业应对气候变化的策略和措施非常重要。投资者作为企业的重要利益相关方，希望看到企业在可持续发展方面的长期承诺，通过披露清晰的温室气体减排目标、环境管理措施及应对气候风险的计划，企业能够赢得投资者的信任。通过年报和可持续发展报告或专门的沟通会议，企业应向投资者阐明其在绿色技术投资、可再生能源应用和供应链环保管理方面的工作进展，投资者也能提供重要见解，帮助企业完善可持续发展策略。

客户作为另一个重要利益相关方，对企业在环境保护方面的措施具有较高期望。通过透明的沟通渠道，企业可以展示其在绿色产品开发、可持续生产和包装上的努力，不断满足客户对环境友好型产品的需求。在电商平台和企业网站或社交媒体上发布有关产品环境信息的报告或指南，能够增加客户对产品的信心。客户的反馈也可以帮助企业发现产品或服务中的不足，改进生产流程和材料选择，更好地满足市场需求。社区参与也是与利益相关方沟通的重要组成部分，企业与所在社区之间建立互信与合作关系，有助于实现可持续发展的目标。企业通过定期举办公众咨询会或建立社区关系办公室，向居民介绍其环境责任措施和社区发展计划，并听取社区成员的意见，不仅能增强企业与社区的联系，还能及时发现运营中可能对社区带来的负面影响，从而制定更具包容性的解决方案。

与政府部门的沟通则能够确保企业的运营符合最新的环境法规和政策导向。通过与政府机构的对话，企业能够了解政策的最新发展趋势，提前调整自身策略，确保在符合法规的同时实现业务增长。政府也可以通过企业的反馈，更好地制定和调整政策框架，为企业的绿色发展提供更有针对性的支持。在建立利益相关方沟通机制时，企业还需要制定一套完整的参与框架，通过明确的政策和流程，确保各部门在沟通中遵循统一的标准，并为各类利益相关方提供专门的沟通渠道。通过信息披露报告、定期会议和网络平台等方式，保障信息传达的广泛性和及时性，此外，企业还应建立内部反馈系统，将利益相关方的意见纳入决策流程以实现策略的改进与优化。

尽管建立利益相关方沟通与参与机制的益处显著，但由于不同行业和区域的利益相关方对信息披露的要求各不相同，企业需兼顾多方诉求，确保报告内容准确且有针对性，此外，部分企业在与投资者、客户和社区的互动中缺乏经验，难以有效收集和处理反馈。因此，企业需要通过培训与能力建设，提高内部团队的沟通技巧，并参考全球公认的报告标准，确保信息披露的完整性与透明度。利益相关方沟通与参与机制不仅有助于增强企业在政策和运营上的透明度，还能帮助其赢得公众的信任，并不断改进策略与操作。通过与各利益相关方的有效互动，企业将在可持续发展目标的实现中获得更大的支持与动力。

参考文献

［1］Qing L L，Li P，Dagestani A A，et al. Does climate change exposure impact on corporate finance and energy performance? Unraveling the moderating role of CEOs' green experience[J]. Journal of Cleaner Production，2024，461（5）：142653. 1-142653. 16.

［2］Nguyen Q L，Nguyen M H，La V P，et al. Enterprise's strategies to improve financial capital under a climate change scenario – evidence of the leading country [J]. NPJ Climate Action，2024，3（1）：50-65.

［3］郑阳 . 长城汽车气候相关信息披露研究［D］. 北京：北方工业大学，2024.

［4］朱丽娜 . 比亚迪气候信息披露：现状及体系构建研究［D］. 银川：北方民族大学，2024.

［5］金雪婷 . ESG 视角下通威股份财务绩效提升路径研究［D］. 成都：成都大学，2024.

［6］莫关兵 . 极端气候对通宝能源财务绩效的影响研究［D］. 成都：成都大学，2024.

［7］原磊磊 . 上市公司气候变化信息披露及相关会计处理变革［J］. 商业会计，2024（2）：31-36.

［8］张天弓 . 我国石油行业碳信息披露透明度研究：以中石油为例［D］. 银川：北方民族大学，2023.

［9］黄世忠，叶丰滢 . 欧洲可持续发展报告准则解读：《气候变化》准则［J］. 财会月刊，2023，44（23）：3-9.

［10］Aibar-Guzmán B，Raimo N，Vitolla F，et al. Corporate governance and financial performance: reframing their relationship in the context of climate change [J] . Corporate Social Responsibility & Environmental Management, 2023, 31 (3): 1493-1509.

[11] Nguyen K N, Baker S . Climate change impacts on UNESCO World Heritage-listed cultural properties in the Asia-Pacific region: a systematic review of state of conservation reports, 1979—2021 [J] . Sustainability, 2023, 15 (19) .

[12] 郭宇琪 . 气候变化信息披露：全球行动与中国选择 [J] . 证券法律评论, 2023 (00): 221-259.

[13] Bajic A, Kiesel R, Hellmich M. Handle with care: Challenges in company-level emissions data for assessing financial risks from climate change [J] . Journal of Climate Finance, 2023, 5.

[14] 叶丰滢，黄世忠 . 气候相关风险财务影响的披露规则与挑战：以苹果公司为例 [J] . 财会月刊, 2023, 44 (16): 11-18.

[15] 罗可欣 . 低碳经济背景下电力企业财务风险预警机制构建：以华能国际为例 [D] . 贵阳：贵州财经大学, 2023.

[16] 那沁 .《巴黎协定》对工业类高碳排放企业资本结构的影响研究 [D] . 呼和浩特：内蒙古大学, 2023.

[17] 刘潇爽 . 企业碳信息披露对审计费用的影响研究：互补观还是风险观？[D] . 成都：西南财经大学, 2023.

[18] 杜彤彤 . 碳信息披露、融资约束对企业财务绩效的影响研究：基于外部监督的调整效应 [D] . 泉州：华侨大学, 2023.

[19] 张馨妍 . 道地药材采集地气候变化与中医药上市公司绩效：基于可持续发展的视角 [D] . 济南：山东财经大学, 2023.

[20] 辛明泽 . "双碳" 背景下钢铁企业财务风险预警研究 [D] . 太原：山西师范大学, 2023.

[21] 张甜蜜 . 上市公司碳信息披露对财务绩效的影响研究：以中石化为例 [D] . 成都：成都大学, 2023.

[22] 丁秉基 . 碳风险与企业资本结构：来自 A 股市场的经验证据 [D] . 大连：东北财经大学, 2023.

[23] Michael G . Approaches for quantifying the financial impacts of reputational damage from climate change [J] . Journal of Risk Management in Financial Institutions, 2023, 16(2): 138-157.

[24] Sun Y P, Zou Y, Jiang J N, et al. Climate change risks and financial performance of the electric power sector: Evidence from listed companies in China [J] . Climate Risk Management, 2023, 39.

[25] Limaye V S, Toff B. Evaluating responses to health-related messages about the financial costs of climate change [J] . The Journal of Climate Change and Health, 2023, 10.

[26] Alshahrani F, Eulaiwi B, Duong L, et al. Climate change performance and financial distress [J] . Business Strategy and the Environment, 2022, 32(6): 3249-3271.

[27] Gopal S M, Niva K . Climate change financial disclosure and firm performance: empirical evidence from Indian energy sector based on TCFD recommendations [J] . Society and Business Review, 2022, 17(4): 594-612.

[28] Swim J K, Geiger N, Guerriero J G. Not out of MY bank account! Science messaging when climate change policies carry personal financial costs [J] . Thinking & Reasoning, 2022, 28(3): 346-374.

[29] 王鹏程 . 财务报表审计中对气候变化风险的考虑 [J] . 财会月刊, 2022 (14): 110-115.

[30] 中国人民银行广州分行会计财务处课题组 . 主要发达经济体央行应对气候变化的最新做法及其财务影响 [J] . 金融会计, 2022 (5): 13-19.

[31] 王璇 . 气候变化信息披露问题研究：基于火力发电行业的跨国案例分析 [D]. 北京：中央财经大学, 2022.

[32] 夏爽 . 气候变化对采矿业上市公司信用风险的影响研究 [D] . 西安：西北大学, 2022.

[33] 黄世忠，叶丰滢 .《气候变化》的披露要求与趋同分析 [J] . 财会月刊, 2022 (9): 3-8.

[34] Barbosa R A C, Ruchdi S B . The relationship between climate change

mitigation strategies and the financial performance of Brazilian companies [J] . Journal of Industrial Ecology, 2022, 26 (4): 1294-1305.

[35] 应对气候变化南南合作有实效 [N] . 人民日报, 2022-01-07 (16) .

[36] 吴瑶，张珊珊 . 气候变化相关财务信息披露指南的解读与应用 [J] . 可持续发展经济导刊, 2021 (12): 37-40.

[37] Mihaela N F, GeorgetaMadalina M, Silvia P, et al. Fiscal and budgetary policy efforts towards climate change mitigation in Romania [J] . Sustainability, 2021, 13 (5) .

[38] 刘瑞霞 . 气候风险信息披露国际进展 [J] . 中国金融, 2021 (3): 79-81.

[39] 陈娜 . 气候变化对中国建筑业 A 股上市公司财务绩效的影响：以上海建工为例 [D] . 南京：南京信息工程大学, 2020.

[40] 丁凯敏 . 气候变化对能源业 A 股上市公司财务绩效的影响：以中石化为例 [D] . 南京：南京信息工程大学, 2020.

[41] 周灵 . 气候变化对农业 A 股上市公司绩效的影响：以海南橡胶为例 [D] . 南京：南京信息工程大学, 2020.

[42] 谈多娇，袁野，李益博 . 论气候变化风险下的碳会计创新 [J] . 财会月刊, 2020 (7): 48-52.

[43] 邹欣 . 气候变化风险对中国采矿业上市公司财务业绩的影响 [D] . 武汉：湖北经济学院, 2019.